AF202083

MOVIE COCKTAILS

MOVIE COCKTAILS

COOLE DRINKS AUS LEGENDÄREN FILMEN

Will Francis und Stacey Marsh

Prestel
München · London · New York

INHALT

10 Einleitung

15 Erste Schritte

16 Grundausstattung
18 Spirituosen
20 Liköre, Säfte und Bitter
22 Garnituren
24 Gläser

27 Cocktails

28	767	*Saturday Night Fever*	John Travolta
30	Amber Moon	*Mord im Orient-Expreß*	John Gielgud
32	Apple Martini	*Trennung mit Hindernissen*	Jennifer Aniston
34	Aqua Velva	*Zodiac – Die Spur des Killers*	Jake Gyllenhaal
36	Arnold Palmer	*Die etwas anderen Cops*	Will Ferrell
38	Banana Daiquiri	*Aus nächster Nähe*	Michelle Pfeiffer
40	Bay Breeze	*Red Eye*	Rachel McAdams
42	Black Russian	*Nur 48 Stunden*	Eddie Murphy
44	Bloody Mary	*Fletch – Der Troublemaker*	Chevy Chase
46	Brandy Alexander	*Two Lovers*	Joaquin Phoenix
48	Bronx	*Der dünne Mann*	William Powell
50	Champagne Cup	*Grand Budapest Hotel*	Ralph Fiennes
52	Cosmopolitan	*Sex and the City*	Sarah Jessica Parker
54	Daiquiri	*Unser Mann in Havanna*	Alec Guinness

56	Dirty Martini	*Iron Man 2*	Scarlett Johansson
58	Dry Martini	*Nach Büroschluss – Elf Uhr 20 Mordalarm*	Clark Gable
60	Dubonnet Cocktail	*Tootsie*	Dustin Hoffman
62	Egg Nog	*Die schreckliche Wahrheit*	Cary Grant
64	Feuerzangenbowle	*Ist das Leben nicht schön?*	Henry Travers
66	French 75	*Casablanca*	Humphrey Bogart
68	Gibson	*Alles über Eva*	Bette Davis
70	Gimlet	*Schnee am Kilimandscharo*	Gregory Peck
72	Gin Alexander	*Weiße Weihnachten*	Bing Crosby
74	Grasshopper	*Auf der Jagd nach dem grünen Diamanten*	Kathleen Turner
76	Green Crème de Menthe Frappé	*Funny Girl*	Barbra Streisand
78	Hand Grenade	*Girls Trip*	Regina Hall
80	Harvey Wallbanger	*Game Night*	Jason Bateman
82	Hemingway Daiquiri	*Verführung einer Fremden*	Halle Berry
84	Highball	*Der große Gatsby*	Leonardo DiCaprio
86	Horse's Neck	*Caught in a Cabaret*	Mabel Normand
88	Kir Royal	*Die Nacht vor der Hochzeit*	Katharine Hepburn
90	Long Island Iced Tea	*Eiskalte Engel*	Selma Blair
92	Mai Tai	*Blaues Hawaii*	Elvis Presley
94	Manhattan	*Manche mögen's heiß*	Marilyn Monroe
96	Margarita	*Boogie Nights*	Mark Wahlberg

98	Martini	*Batman*	Jack Nicholson
100	Midnight Margarita	*Zauberhafte Schwestern*	Sandra Bullock
102	Mimosa	*Rat Race – Der nackte Wahnsinn*	Whoopi Goldberg
104	Mint Julep	*Thank You for Smoking*	Robert Duvall
106	Mississippi Punch	*Frühstück bei Tiffany*	Audrey Hepburn
108	Mojito	*Stirb an einem anderen Tag*	Pierce Brosnan
110	Moloko Plus	*Uhrwerk Orange*	Malcolm McDowell
112	Mulled Wine (Glühwein)	*Die fabelhafte Welt der Amélie*	Audrey Tautou
114	Negroni	*Der römische Frühling der Mrs. Stone*	Vivien Leigh
116	Old Fashioned	*Crazy, Stupid, Love.*	Ryan Gosling
118	Orange Whip	*Blues Brothers*	John Candy
120	Pangalaktischer Donnergurgler	*Per Anhalter durch die Galaxis*	Sam Rockwell
122	Ramos Fizz	*The Doors*	Val Kilmer
124	Rob Roy	*Angels Over Broadway*	Rita Hayworth
126	Rum Collins	*Feuerball*	Sean Connery
128	Sangria	*Natürlich blond 2*	Reese Witherspoon
130	Sazerac	*Leben und sterben lassen*	Roger Moore
132	Scotch Mist	*Tote schlafen fest*	Lauren Bacall
134	Screwdriver	*Jackie Brown*	Samuel L. Jackson
136	Sea Breeze	*French Kiss*	Meg Ryan
138	Sex on the Beach	*Hysterical Blindness*	Juliette Lewis

140	Sidecar	*Fegefeuer der Eitelkeiten*	Alan King
142	Singapore Sling	*Fear and Loathing in Las Vegas*	Johnny Depp
144	Stinger	*Freundinnen*	Bette Midler
146	Stoli Martini mit Zitronenschale	*Blue Jasmine*	Cate Blanchett
148	Sweet Vermouth auf Eis mit Zitronenschale	*Und täglich grüßt das Murmeltier*	Bill Murray
150	Tequila Sunrise	*Tequila Sunrise*	Mel Gibson
152	Tom Collins	*Meine Braut, ihr Vater und ich*	Robert De Niro
154	Tropical Itch	*The Wrong Missy*	Lauren Lapkus
156	Turquoise Blue	*Cocktail*	Tom Cruise
158	Virgin Piña Colada	*Death Proof – Todsicher*	Kurt Russell
160	Vodka Gimlet	*About Schmidt*	Jack Nicholson
162	Vodka 'Vesper' Martini	*Casino Royale*	Daniel Craig
164	Whiskey Sour	*Avanti, Avanti!*	Jack Lemmon
166	White Lady	*Das Böse unter der Sonne*	Peter Ustinov
168	White Russian	*The Big Lebowski*	Jeff Bridges
170	Zombie	*Schatten einer Liebe*	Claire Danes

174 Dank/Die Autoren

EINLEITUNG

Cocktails und Kino gehören untrennbar zusammen, seit sich die US-Filmindustrie in einem Tal namens Hollywood nahe Los Angeles niedergelassen hat. Mixgetränke bereichern die Bildsprache des Films – sie machen viele Szenen unvergesslich.

Im stetigen Wandel der kulturellen Trends vermitteln Cocktails wechselnde Botschaften, je nach filmischer Erzählweise und Milieu. Der Martini, an dem ein Killer in einem seltenen Moment der inneren Einkehr nippt, deutet kalte Sinnlichkeit an – er verkörpert aber ebenso die eiserne Entschlossenheit einer sittsamen Heldin. Getränke sind untrennbar mit den berühmtesten Filmmomenten verbunden, von Ricks »Ich seh dir in die Augen, Kleines« beim Champagner-Cocktail in seiner Bar in Casablanca (Seite 66) bis zu James Bond, der in *Casino Royale* am Spieltisch die Zutaten für einen mittlerweile legendären Drink aufzählt (Seite 162).

Die Arbeit an Text und Illustrationen für dieses Buch verschaffte uns einen faszinierenden Einblick in die Geschichte des Cocktails über ein Jahrhundert hinweg. In den Anfangsjahren des Films servierte man alkoholische Getränke in einem hochwandigen Cocktailglas ohne Eis, meist sogar ohne Garnitur. Im ausgehenden 20. Jahrhundert waren dagegen eher Longdrinks und geeiste Getränke üblich, mit einem bunten Höhepunkt in den 1990er-Jahren, als kaum ein Drink ohne Eis und Beiwerk auskam.

Cocktails sind viel älter als das Kino. Die ältesten Beispiele in diesem Buch – Rum- und Eierpunsch – sind so alt wie Rum und Brandy. Im mittelalterlichen England war *Posset* ein beliebtes winterliches Getränk: Milch wurde mit alkoholischen Getränken wie Wein oder Bier zur Gerinnung gebracht. Dazu kamen später Gewürze, Spirituosen und Eier, woraus der Egg Nog entstand. Im 17. Jahrhundert konsumierte man heiße punschartige Getränke nach nordischem Vorbild (*Wassail*). Den Punsch selbst haben wohl die ersten Kauffahrer aus Indien mitgebracht. Pate stand das Hindiwort

Feuerzangenbowle (Seite 64) und Egg Nog (Seite 62)

panch für »fünf«, das sich auf die fünf wichtigsten Zutaten (Spirituosen, Früchte, Wasser, Zucker und Gewürze) bezog.

Jahrhundertelang galt der Konsum von Wein und Bier als gesunde Alternative zum unreinen Trinkwasser. 1688 verbot der soeben zum Herrscher Großbritanniens gekrönte Wilhelm von Oranien den Import von französischem Weinbrand. 1690 folgte der »Distilling Act«, der jedem das Recht gab, lizenzfrei Spirituosen herzustellen. Vier Jahre später wurden die Steuern auf Bier erhöht, was den Anstoß zu einer regelrechten Gin-Epidemie gab. Um 1720 existierten allein in London schätzungsweise 7000 Ginschenken. Apotheken boten *Bitter* – Alkohol aus gebranntem Getreide, versetzt mit pflanzlichen Wirkstoffen – für medizinische Zwecke an. Damit wiederum ließ sich Gin von minderer Qualität genießbar machen. Diese geschmackliche Abmilderung von hochprozentigem Alkohol stand an der Wiege des heutigen Cocktails. Die früheste bekannte Erwähnung des Worts selbst stammt aus dem Jahr 1798, versteckt in einer Satire im *The Morning Post and Gazetteer*, die etwas verschleiert auf einen »Hühnerschweif (umgangssprachlich Ingwer genannt)« anspielte, vermutlich ein Kneipengetränk aus Gin und Bitter.

Im 19. Jahrhundert erschienen in amerikanischen Veröffentlichungen erste Beschreibungen von Cocktails. Manchmal wurden die Getränke als *Slings* bezeichnet, ein noch heute üblicher Begriff, abgeleitet vom deutschen Wort »schlingen«. Bereits 60 Jahre später bezeichnete das Wort Cocktail beliebte Gaumenschmeichler aus Spirituosen, Bittern und Süßungsmitteln in unterschiedlichsten Zusammensetzungen. Das erste Buch mit Rezepten, der *Bartender's Guide* von Jerry Thomas, erschien 1862. Der Untertitel pries es als »A Bon Vivant's Companion« an, als »Gefährten für Genussmenschen«. Diese Anleitung ist für viele Barkeeper noch heute aktuell, was vor allem eines deutlich macht: dass wir, allen technologischen und kulturellen Fortschritten zum Trotz, noch immer einen gut gemixten Drink zu schätzen wissen, wenn er stilvoll serviert und in angenehmer Gesellschaft genossen wird. Die Bonvivants, denen Thomas sein Buch widmete, sind noch unter uns.

Beim Anbruch des 20. Jahrhunderts hatte die junge Filmindustrie an so unterschiedlichen Orten wie Paris, Melbourne, London und Pittsburgh Fuß gefasst. Ab 1912 verlegte man die ersten Studios wegen der zahlreichen Sonnentage mit hoher Lichtausbeute nach Los Angeles, aber auch zur Vermeidung von juristischen Auseinandersetzungen mit dem Erfinder Thomas Edison (der die meisten Patente für die Branche besaß). Cocktails tauchten in Charlie Chaplins Stummfilmen als Requisit auf.

Zugleich wuchs die Besorgnis über die sozialen Folgen des Alkoholkonsums. Bald wurde die Filmkarriere solcher Mixgetränke buchstäblich auf Eis gelegt.

Deshalb klafft in diesem Buch zwischen 1920 und 1933 eine Lücke. Während der Prohibitionsära waren in den USA Verkauf und Konsum von Alkohol verboten. Dieses gut gemeinte soziale Experiment förderte organisierte Kriminalität und Alkoholschmuggel auf beispiellose Weise. Es hatte allerdings auch seine guten Seiten: Die gewalttätige männliche »Saloon-Kultur« verschwand, während modische Erfrischungsgetränke und Eiscremes den neuartigen Diner- und Drive-in-Lokalen einen regelrechten Boom bescherten.

Getrunken wurde damals wie eh und je, allerdings war der Stoff teuer und minderwertig. Die meisten Hollywood-Filme waren »trocken«. Das Gastgewerbe geriet in eine Krise, die Elite der Barkeeper wanderte nach Europa ab. 1933 fiel das Verbot schließlich. Als Präsident Franklin D. Roosevelt zu Beginn des Jahres eine Lockerung für Biersorten mit mäßigem Alkoholgehalt verkündete, sprach er seiner durstigen Nation mit dem Satz »Wir könnten jetzt wohl alle ein Bier vertragen« aus dem Herzen.

Heute beschwören Vintage-Bars die Prohibitionsära wieder herauf: Cocktails in stilgerechten Gläsern, Jazzbands und Burlesque-Acts, die Besucher unterhalten, die den romantischen Kick des heimlichen Hedonismus schätzen. In Spielfilmen ist diese Ära ein mit Gangstern und Alkoholschmugglern prominent besetztes, beliebtes Sujet.

In *Der große Gatsby* (Seite 84), dem einzigen Film in unserem Buch, der in dieser Epoche spielt, genießen Jay Gatsby und sein Kumpan Meyer Wolfsheim ihre Highballs in einer opulent ausgestatteten Flüsterkneipe in Manhattan, deren Zugang als Barbiersalon getarnt ist. Für die Figur des Wolfsheim diente F. Scott Fitzgerald angeblich Arnold Rothstein als Vorbild, ein berüchtigter New Yorker Geschäftemacher, der als einer der Ersten das neue Prohibitionsgesetz durch den Import von Schnaps aus dem Ausland umging.

In den drei folgenden Jahrzehnten schwang sich die amerikanische Barkultur zu neuen Höhen auf. Zur feinen Gesellschaft gehörte die Kunst des Mixens unbedingt dazu. Damals entstanden einige der besten Bücher zum Thema. Eine Welle von Drinks schwappte über die Spielfilmwelt hinweg. Selbst ein umfangreicheres Buch als dieses, welches sich ausschließlich dieser Ära widmet, könnte die Vielfalt kaum abbilden. Erst jetzt avancierte der Cocktail wirklich zum Leinwandstar und zur eigenständigen Ikone der Popkultur. Er wurde massentauglich. Bars und Restaurants machten sich dies zunutze und passten ihr Programm dem Geschmack des Mainstreams an. Ketten wie »Trader Vic's« eröffneten Filialen in aller Welt und brachten bunte und fruchtige Drinks im Tiki-Stil mit, wie sie im Elvis-Presley-Film *Blaues Hawaii* (Seite 92) zu sehen sind. Cocktails wurden so kitschig wie die Reiseandenken, die sich in vielen Wohnungen breitmachten. Die Wortkombination »Vintage« und »Cocktail« fördert in Online-Suchprogrammen massenhaft Relikte wie Shaker, Gläser, Möbel und Accessoires zutage, die von der Cocktailmanie um die Mitte des 20. Jahrhunderts Zeugnis ablegen.

Bei jedem Trend schließt sich irgendwann wieder ein Kreis. Wir erleben die Auferstehung klassischer Cocktails, propagiert von Barkeepern, die sich von den Anfängen der Mixgetränke inspirieren lassen. Das beruht einerseits auf einer Vintagewelle, die auch Bars und Restaurants erfasst, andererseits darauf, dass längst vergriffene Mixanleitungen von Kleinverlegern im Print-on-Demand-Verfahren neu aufgelegt werden. Mittlerweile liegt die Betonung wieder auf traditionellen Zubereitungsmethoden, ausgewählten Zutaten sowie Drinks, die besonders von Kennern geschätzt werden.

Der Old Fashioned beispielsweise war fast in Vergessenheit geraten. Ein neu erwachendes Interesse an traditionellen Mixgetränken fiel zeitlich mit der Ausstrahlung der im New York der 1960er-Jahre spielenden TV-Kultserie *Mad Men* (2007–2015) zusammen. Die Hauptfigur Don Draper wurde zum Leitbild, dessen urbane Raffinesse, kombiniert mit der Vorliebe für dieses Getränk, zur erneuerten Popularität des Old Fashioned enorm beitrug. Auch der Cosmopolitan war nur einer von vielen bunten Cocktails aus den 1980er-Jahren, bis Carrie und ihre Freundinnen ihm in *Sex and the City* zu neuer Prominenz und einem Status als moderner Klassiker verhalfen (Seite 52).

Der Old Fashioned (Seite 116)

Der Aufbau unseres Buchs ermöglicht allen Leser*Innen Zufallsbekanntschaften mit Drinks, die ihnen bislang unbekannt waren. Die Abfolge ist rein alphabetisch und verzichtet auf Kapiteleinteilungen. Bei den meisten Rezepten legen wir Wert auf eine möglichst simple Zubereitung. Zunächst geben wir eine Einführung in die wichtigsten Zutaten und Hilfsmittel. Selbst ein überschaubarer Vorrat ermöglicht nämlich eine erstaunlich große Vielfalt von Mixgetränken. Während man Freunde bewirtet, lernt man nebenher viel über die Kunst des Mixens. David A. Embury brachte es in seinem bahnbrechenden Buch *The Fine Art of Mixing Drinks*, das erstmals 1948 erschien, auf den Punkt: »Jeder kann gute Cocktails zubereiten.« Unseren Leser*Innen eröffnet sich eine Welt, die ihnen beinahe spielerisch unzählige neue Geschmackserlebnisse verschafft.

Embury verdanken wir auch eine Warnung vor Snobismus oder Dogmatismus: »Ideal ist die Zusammenstellung jedes Drinks dann, wenn sie Ihren persönlichen Geschmack widerspiegelt.« Es gibt tatsächlich keinen Königsweg zur richtigen Zubereitung von Cocktails. Mixen Sie also selbstbewusst, mit Spaß an der Sache, viel Lust am Experiment und mit eigenständigen Variationen der Rezepte. Dieses Buch soll Ihnen als kurzweiliger Leitfaden dienen, mit dessen Hilfe Sie Ihren nächsten Cocktail auswählen, die Geschichte des Spielfilms neu entdecken und ganz nebenbei die Kunst des Mixens erlernen.

AGAVE syrup
VERMOUTH
DRY
R
RUM
40% SMALL BATCH 70cl
TEQUILA
100% DE AGAVE
40% ALC. BY VOL. 70 cl e
GIN
DRY DISTILLED
LIQUEUR
WHISKY
HIGHLAND CREAM
W
V
ODKA

ERSTE SCHRITTE

GRUNDAUSSTATTUNG

DAMIT WIRD MAN ZUM STAR AN DER BAR

SHAKER

Man sollte sich für eine von zwei Varianten entscheiden. Beliebt in vielen Haushalten ist der dreiteilige Cobbler Shaker, der aus einem Edelstahlbecher, einem Aufsatz mit Sieb und einer Verschlusskappe besteht. Er sieht zwar ästhetisch aus, aber Profis schätzen den einfacheren Boston Shaker. Hier wird ein Edelstahlbecher leicht schräg über ein etwas kleineres, dickwandiges Mixglas gestülpt. Diese Methode erlaubt zügiges Arbeiten, eine schnellere Reinigung und eignet sich auch für gerührte Cocktails.

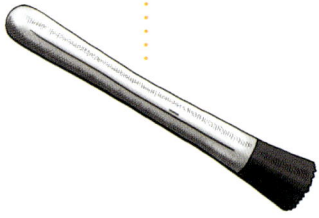

STÖSSEL

Früchte oder Kräuter werden oft mit Zucker oder Likör am Boden des Mixglases zerdrückt, damit sie ihre Säfte, ätherischen Öle und Aromen freisetzen. Für Minze und ähnliche Blattgewürze verwendet man einen naturbelassenen Holzstößel. Früchte werden mit einem Edelstahlstößel mit waffel- oder sternförmigem Ende zerdrückt. Man sollte die Zutaten jedoch nicht zum Brei zerdrücken, weil das den Cocktail eventuell bitter macht und ihn mit unschönen Schwebstoffen trübt.

BARLÖFFEL

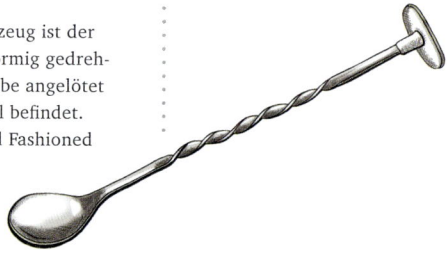

Ein unauffälliges, aber ungemein wichtiges Werkzeug ist der traditionelle Barlöffel mit seinem langen, spiralförmig gedrehten Griff, an dessen einem Ende eine flache Scheibe angelötet ist, während sich am anderen ein großer Teelöffel befindet. Dieses Hilfsmittel ist unverzichtbar, um einen Old Fashioned zu rühren, Schlieren im White Russian zu ziehen, Sirup abzumessen oder Cocktailkirschen aus Gläsern zu fischen. Der Barlöffel erleichtert das Leben jedes Barkeepers. Das flache Ende kann bei Bedarf sogar als Stößelersatz dienen.

Kleine Hilfsmittel ermöglichen oft große Errungenschaften. Dieser Grundsatz gilt auch für raffinierte Cocktails, die man zu Hause macht. Dazu benötigt man nur ein paar qualitativ hochwertige Gerätschaften, die man sich online oder in Fachgeschäften leicht beschaffen kann.

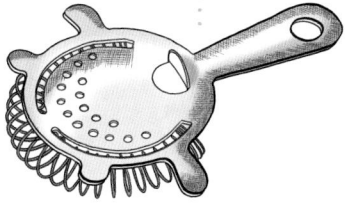

HAWTHORNE STRAINER

Dieses Barsieb benutzt man für den Boston Shaker. Der Hawthorne Strainer passt sich durch die flexible Drahtspirale um seinen Rand genau an die Öffnung des Shakers an und hält grobe Bestandteile von Zutaten und Eis zurück, während der geschüttelte oder gerührte Cocktail ins Glas gefüllt wird. Für Eissplitter oder Fruchtfasern, die beim Schütteln entstanden sind, ist er durchlässig, was bei Cocktails, die auf Eis serviert werden, nicht stört.

TEESIEB

Für Martinis und ähnliche Getränke, die ohne Eis im gekühlten Glas serviert werden, benötigt man ein feines Sieb, damit sich keine Fruchtfasern und Eissplitter auf der Oberfläche sammeln und der Eleganz des liebevoll zubereiteten Drinks schaden. Ein gutes Sieb hält all diese losen Bestandteile zurück, ohne gleich zu verstopfen.

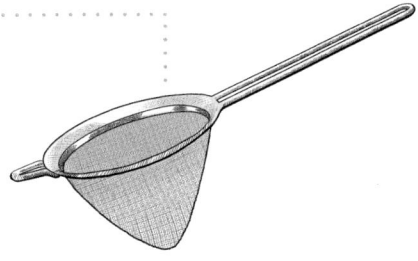

MESSBECHER

Die richtige Bemessung der Zutaten ist nicht nur für Drinks wichtig, die man nach Rezept zubereitet, sondern auch für Experimente, Verbesserungen und Eigenkreationen. Für unsere Zwecke eignet sich ein Doppelbarmaß mit 25 ml im kleinen und 50 ml im großen Becher, was einem bzw. zwei Shots entspricht. Für die Rezepte in diesem Buch messen wir in Millilitern. Ein Shot entspricht einem randvollen kleinen Bechermaß.

SPIRITUOSEN

DIE HAUPTDARSTELLER IM BARFACH

GIN

Die wohl wichtigste Spirituose im Barfach und im Stammbaum aller Mixgetränke, der Star in vielen Klassikern vom süßen Martini bis zum bitteren Negroni. Klarer Getreidebrand wird mit Gewürzen aromatisiert, allen voran Wacholder, aber auch Orangenschalen, Zimt oder sogar Gurke, die für ein besonderes Geschmacksprofil sorgen. London Gin ist trocken, während der weniger verbreitete Old Tom leicht gesüßt ist. Schlehenlikör wird mit Gin angesetzt.

WHISKY

Sämtliche Sorten dieser Spirituosenfamilie werden aus Getreidemaische destilliert und reifen in Eichenfässern. Regionale Getreide und das Holz sind geschmacksbestimmend. Beim schottischen Whisky (Scotch) wird die Gerste (anders als beim irischen Whiskey) zudem über brennendem Torf getrocknet, was für die typische Rauchnote sorgt. Beim Bourbon überwiegt in der Maische der Mais, beim Rye der Roggen. Als Whisky gilt nur, was mindestens drei Jahre im Fass gelagert hat.

WODKA

Diese Spirituose ist nahezu geschmacksneutral, sie besteht fast nur noch aus Wasser und reinem Ethanol. Sie wird aus stärkehaltigen Gewächsen wie Hafer, Roggen, Gerste, Weizen und Kartoffeln gebrannt. Cocktails mit bereits geschmacksintensiven Zutaten bekommen durch den neutralen Charakter von Wodka den richtigen Kick. Mit einer eigenen Kräutermischung lässt sich aus Wodka sogar eine individuelle Ginsorte herstellen.

Die meisten Cocktails in diesem Buch bauen auf sechs Basisalkoholen auf. Wichtig: Immer das Beste kaufen, was man sich leisten kann, aber nicht immerzu dieselben Marken. Nur so erschließen sich beim Mixen die feinen Geschmacksunterschiede.

BRANDY

Dieser in Fässern gereifte Weinbrand wird vorzugsweise pur genossen, bei Zimmertemperatur oder leicht erwärmt. Brandy eignet sich besonders gut für erhitzte Cocktails und Desserts, denen er eine warme abgerundete Note verleiht. Am bekanntesten ist französischer Cognac, der aus dem gleichnamigen Weinbaugebiet stammen muss, in großen Kupferblasen im Doppelbrandverfahren destilliert wird und zwei Jahre lang in speziellen Eichenfässern reift.

RUM

Die meisten Rumsorten stammen aus der Karibik und aus Lateinamerika und werden aus Melasse gewonnen, einem Nebenprodukt beim Raffinieren von Zuckerrohr. Weißer Rum kommt typischerweise aus Kuba und Puerto Rico, schwarzer Rum, der länger destilliert und gereift ist, aus Jamaika. Dazwischen gibt es eine Vielzahl von Schattierungen. Weißer Rum eignet sich besonders gut zum Mixen von Cocktails und dient als Basis für bekannte Drinks mit tropischer Note wie Daiquiri und Mojito.

TEQUILA

Schon die Azteken in Mexiko genossen vergorenen *Pulque* aus Agavensaft. Die spanischen Konquistadoren führten das Brennen von Tequila ein. Dieser Brand aus dem Fruchtfleisch der blauen Weber-Agave, eigentlich nur eine Spielart des Mezcal, ist heute enorm beliebt. Tequila wird in fünf Klassen eingeteilt, die sich je nach Färbung und Lagerungsdauer unterscheiden.

LIKÖRE, SÄFTE UND BITTER

BAUSTEINE FÜR MILLIONEN VARIATIONEN

WERMUTS UND APERITIFS

Wermut wird seit Jahrhunderten hergestellt und verleiht Martini, Manhattan und Negroni ihre jeweils besondere Note. Der Name dieses aromatisierten und aufgespriteten Weins ist vom Wermutkraut abgeleitet, dessen Bitterstoffe seit jeher zum Aromatisieren von Alkohol dienten, der als Medizin gereicht wurde. Französischer Wermut ist weiß und gewöhnlich trocken, während italienischer häufig rot ist und lieblich schmeckt.

LIKÖRE

Kräftige Frucht- oder Nussnoten oder andere natürliche Aromen im Cocktail stammen häufig von süßen Likören wie Cointreau (Orange), Crème de Cassis (Johannisbeeren) oder Frangelico (Haselnuss). Beim Dosieren von Likören ist Zurückhaltung angebracht, weil ein Drink schneller zu lieblich als zu trocken gerät. Eine Übersüßung ist kaum umkehrbar. In unseren Rezepten wird Orangenlikör – auch als Triple Sec oder noch lieblicherer Curaçao bekannt – am häufigsten verwendet.

COCKTAILBITTER

Bitter entstanden ursprünglich als Tonikum für Kranke und werden nur tropfenweise gebraucht. Als hochkonzentrierte Würzzutaten aus Alkohol, Wasser und Kräuterextrakten sind sie im modernen Barbetrieb mittlerweile unentbehrlich.
Zu den bekanntesten gehört Angostura, dessen Rezeptur geheim gehalten wird und nur fünf Personen bekannt ist. Nützlich für den eigenen Vorrat sind auch Orangenbitter und Peychaud's Bitters. Viele Barkeeper arbeiten inzwischen mit individuellen Eigenkreationen.

Das vielschichtige Aromenspiel in einem Cocktail entsteht, wenn dem Basisalkohol eine oder mehrere der folgenden Zutaten hinzugefügt werden. Zitrussäfte, Bitterstoffe und Alkohole bilden das Gegengewicht zur Süße von Säften und Likören. Nur keine Scheu vor Experimenten – die Mengen lassen sich beliebig anpassen.

FRUCHTSÄFTE

Zitrussäfte schmecken stets am besten, wenn man sie eigenhändig frisch presst – Saft aus Flaschen oder Packungen ist für unsere Zwecke meist unbrauchbar. Man benötigt ohnehin häufig Zesten oder Schnitze für die Garnitur, wodurch sich der Mehraufwand in Grenzen hält. Bei eher selten benötigten Säften von Cranberry, Ananas oder Apfel lohnt sich der Kauf von Multipacks mit Kleinportionen, die sich immer im Kühlschrank aufbewahren lassen.

ZUCKERSIRUP

Viele Cocktails benötigen zusätzliche Süße, die durch Hinzufügung von Sirup (Mischungsverhältnis 1 : 1) erreicht wird. Es gibt ihn fertig zu kaufen, er lässt sich aber auch selbst herstellen, vor allem, wenn ein Mischungsverhältnis 2 : 1 benötigt wird: Zucker und Wasser werden in einem Kochtopf bei mittlerer Hitze erwärmt, bis der Zucker vollständig gelöst ist. Der Sirup wird in ein Fläschchen gefüllt, das man zuvor mit einem Schluck Wodka ausgespült hat. Anstelle von raffiniertem Zucker eignet sich auch Agavensirup, dessen Bernsteinfarbe und Geschmack gut mit Tequila harmonieren.

EIER UND MILCH

Das Mundgefühl und der Geschmack von Eiweiß in einem Drink sind unvergleichlich, als Schaumbildner ist es nahezu unentbehrlich. Für alle, die Zubereitungen aus rohen Eiern misstrauen, bietet sich Eiweißpulver, für Veganer Aquafaba (dickflüssiges Kochwasser von Hülsenfrüchten) als Ersatz an. Auch Milch und Sahne können Cocktails aufwerten, von kräftig geschüttelten »Hard Shakes« bis zum Klassiker White Russian. Ob veganer Milchersatz in einem bestimmten Cocktail funktioniert, kommt ganz auf den Versuch an.

GARNITUREN

RAFFINIERTER COCKTAIL STATT BLOSSES MIXGETRÄNK

ZITRUSSCHALEN

Mit einem Sparschäler oder einem kleinen Messer schneidet man einen breiten Streifen der Schale einer unbehandelten Frucht ab. Dabei nicht zu tief ansetzen, damit die bittere weiße Haut nicht mitkommt. Wenn die Schale über den Rand des Glases hängt (oder man diesen mit ihr abreibt), verleihen die ätherischen Öle dem Drink zusätzlich Geschmack und Aroma. Mit einem Zestenreißer gelingen sehr feine Streifen, die als Twist um den Trinkhalm gewickelt oder über den Glasrand gelegt werden.

FLAMBIERTE ZESTEN

Diese Technik steigert Geschmack und Aroma bestimmter Drinks wie Cosmopolitan oder Old Fashioned, abgesehen vom theatralischen Effekt während der Zubereitung. Ein scheibenförmiges Stück Schale – meist von einer Orange – wird abgeschnitten. Ein Zündholz wird angerissen. Sobald der Kopf abgebrannt ist und die Flamme klein weiter brennt, hält man das brennende Hölzchen über das Glas (nicht zu dicht darüber!) und presst die ätherischen Öle aus der Schale durch die Flamme hindurch in den Cocktail aus. Das erfordert etwas Übung. Auf Rauchmelder und Ihre Finger achten!

FRÜCHTE

Kandierte Kirschen, Fruchtstücke und Oliven lassen sich beliebig und sehr effektvoll dekorativ kombinieren, entweder wie Schaschlik auf einem Cocktailspieß, der quer auf dem Glasrand liegt, als vertikal eingeschnittener Fruchtschnitz, der auf den Glasrand gesteckt wird, oder »schwimmend« auf einer ausgepressten Limonenschale oder einer halbierten Passionsfrucht.

Das Auge genießt stets mit, nicht nur beim Essen. Eine aufwendige Präsentation steigert die Wirkung jedes Cocktails. Hier werden die wichtigsten Kunstgriffe vorgestellt. Die Vorbereitung findet unmittelbar vor dem Mixen des Drinks statt. Das garantiert die optimale Frische beim Servieren.

EIS

Für fast jeden Cocktail wird Eis benötigt, weil es beim Schütteln und Rühren den Drink kühlt und verdünnt. Am besten werden die benötigten Eiswürfel aus Mineralwasser oder (entkalktem) Leitungswasser selbst hergestellt. Ein Eiszerkleinerer ist hilfreich, aber für Mint Juleps und Zombies reicht es auch, Eiswürfel in einem sauberen Geschirrtuch mit dem Stößel zu zerkleinern.

KRUSTEN

Eine weitere Möglichkeit, die Eleganz des Cocktails zu unterstreichen und die Geschmacksvielfalt um eine Facette zu bereichern. Für die Margarita wird der Glasrand mit einem Stück Zitrone oder Limette eingerieben, das Glas anschließend mit der Öffnung in einen Teller mit Salz getaucht. Das funktioniert auch mit Kakao und Orange, Zimt und Apfel sowie vielen anderen Kombinationen, ob pikant, süß oder sauer.

SCHIRMCHEN, TRINKHALM & CO

Wahre Cocktail-Liebhaber*Innen finden Zierelemente wie Schirmchen kindisch. Manche Drinks wie der Banana Daiquiri oder der Singapore Sling leben aber gerade von bunten Effekten, die den tropischen Charakter unterstreichen. Cocktailspießchen in verschiedenen Farben und Formen sowie lange und kurze Trinkhalme gehören zur Grundausstattung. Extravagante Formen kommen bei Gästen immer gut an. Ganz Verwegene nehmen Bucatini oder ähnliche Röhrennudeln anstelle von Trinkhalmen.

GLÄSER

DIE BÜHNE FÜR DEN GROSSEN AUFTRITT

MARTINIGLAS

CHAMPAGNER-FLÖTE

COLLINSGLAS

ROCKSGLAS

OLD-FASHIONED-GLAS

WEINBRAND-SCHWENKER

COCKTAIL-SCHALE

TEEGLAS (TODDY)

Wer jeden Cocktail aus diesem Buch, insbesondere die bekannten, mixen möchte, benötigt alle hier abgebildeten Glasformen. Für die meisten Rezepte reichen allerdings die ersten vier völlig aus.

HIGHBALLGLAS

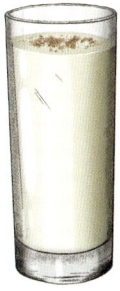

MARGARITAGLAS

HURRICANEGLAS

SLINGGLAS

CHAMPAGNER-SCHALE

CALIFORNIA-COCKTAILGLAS

JULEP-BECHER

POP CORN
POP CORN
POP CORN
POP CORN
POP CORN
POP CORN

COCKTAILS

7&7

Saturday Night Fever • 1977
Tony Manero / John Travolta

38 ml Blended Whisky
Zitronenlimonade (z. B. 7 Up oder Sprite)

Eis in ein Collinsglas geben, den Whisky eingießen und mit Limonade auffüllen. Sanft miteinander verrühren, damit die Kohlensäure nicht entweicht. Mit Trinkhalm servieren.

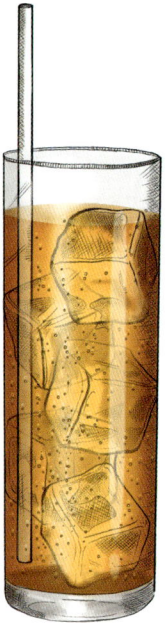

Namensgeber für den 7&7 war ein Rezept, bei dem Seven-Crown-Whisky von Seagram mit 7-Up-Limonade gemixt wurde. Das Getränk war angeblich im Vietnamkrieg bei Soldaten äußerst beliebt und gehörte in den 1970er-Jahren zu den am häufigsten georderten Drinks in den USA. Die beiden Getränkemarken taten sich für eine gemeinsame Anzeigenkampagne (»America's Favorite Couple«) zusammen, die jahrelang lief. Die Beliebtheit der Whiskymarke hat inzwischen deutlich abgenommen, außerhalb Nordamerikas ist sie kaum noch erhältlich. Dieser subtil erfrischende Drink gelingt aber auch sehr gut mit Scotch, irischem Whiskey oder Blended Whisky und kommt ohne Fruchtgarnitur aus.

Tony Manero ist der »König der Tanzfläche« in der Diskothek »2001 Odyssey« in Brooklyn. Sein Tanztalent verschafft ihm bei den Jungs in dieser Freizeitoase im New York der 1970er-Jahre Ansehen und macht zahlreiche Verehrerinnen auf ihn aufmerksam. Während seine Freunde Rangkämpfe mit Gewalt austragen, verlässt sich Tony auf seinen Hüftschwung, um sich an die Spitze der von Diskomusik befeuerten Tanzszene zu setzen. Und er konsumiert als Durstlöscher nur ein Getränk, wenn er im Club ist: den coolen, knackigen 7&7, der ihn die ganze Nacht auf den Beinen hält.

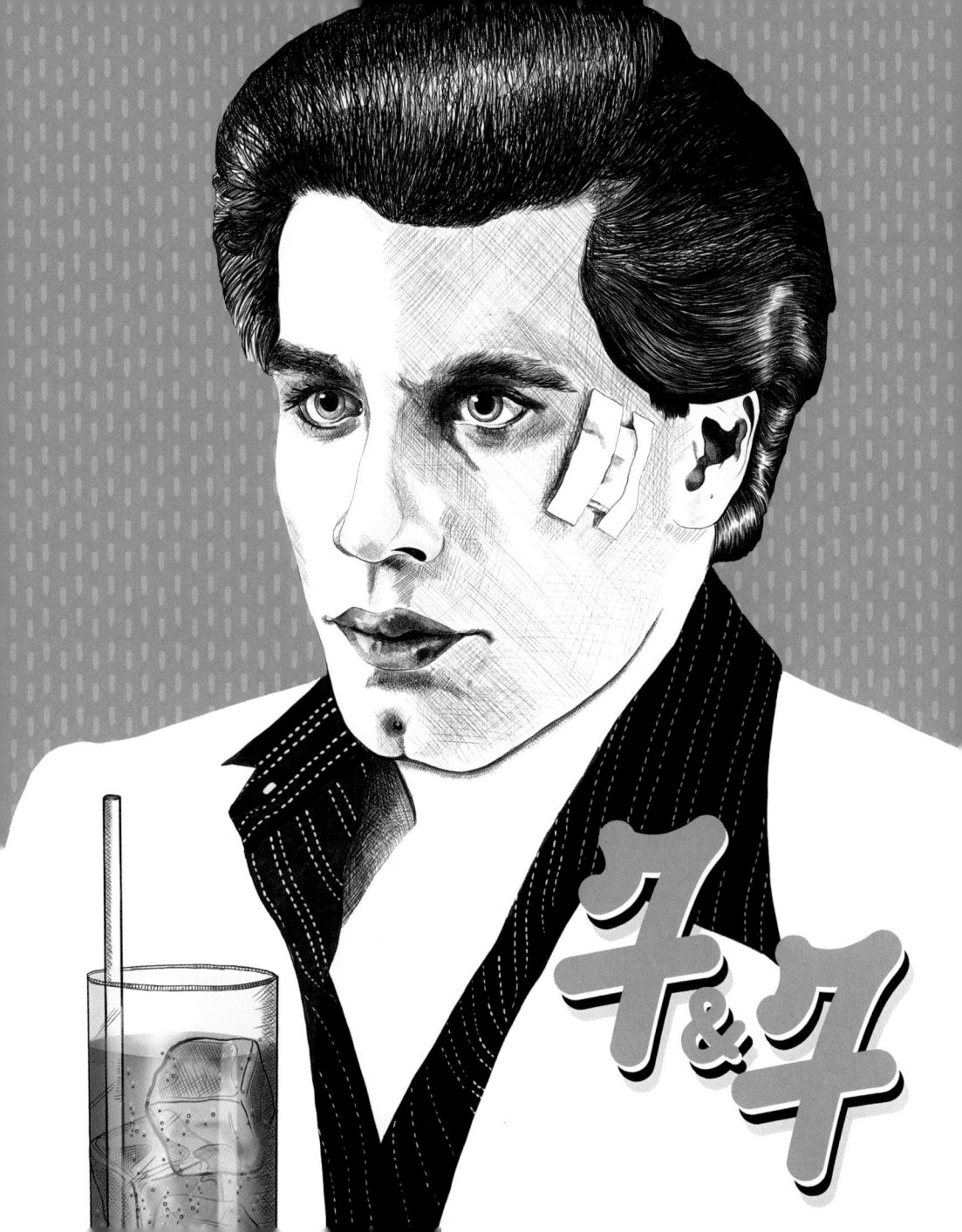
ナ&ナ

AMBER MOON

Mord im Orient-Expreß • 1974
Beddoes / John Gielgud

1 rohes Ei
75 ml Wodka
Tabascosauce
Worcestershiresauce

Das Ei über einem Collins- oder Highballglas aufschlagen und den Wodka aufgießen. Dazu Tabasco- und Worcestershiresauce und einen Löffel zum Umrühren reichen. Statt Wodka geht auch Whisky. Der Drink wird schmackhafter, wenn er gründlich durchgerührt ist.

Dieser kuriose Drink ist eine Variation des traditionellen Katermittels Prairie Oyster, ergänzt um Wodka, um Gleiches mit Gleichem zu bekämpfen (was die Nachwirkungen des Alkohols aber nur hinausschiebt). Das Trinken eines Eis oder Eigelbs mit Spritzern von würziger Sauce und Essig gilt als probates Hilfsmittel gegen Kater, wobei die Nährstoffe und kräftigen Aromen belebend auf Geist, Körper und vor allem den Magen wirken sollen.

In Istanbul besteigt der berühmte belgische Privatdetektiv Hercule Poirot den Orient-Express, um in seine Wahlheimat England zurückzukehren. Im Zug begegnet er dem reichen amerikanischen Geschäftsmann Samuel Ratchett, der dem Kriminalisten 15 000 Dollar Honorar anbietet, um den Absender einer Serie von Drohbriefen zu demaskieren. Poirot ist nach einem anstrengenden Auftrag nicht an einem weiteren Fall interessiert. Als der Leibdiener Beddoes Ratchett am Morgen tot auffindet, braucht der schockierte Butler mehr als einen Amber Moon, um auf Touren zu kommen. Ein Mörder macht den Zug unsicher, und Poirot muss ihn im Auftrag des Direktors der Bahngesellschaft finden, ehe die serbische Polizei kommt und indiskrete Fragen stellt. Nur gut, dass der Zug im Schnee feststeckt.

TABASCO
PEPPER SAUCE
Amber Moon

APPLE MARTINI

Trennung mit Hindernissen • 2006
Brooke Meyers / Jennifer Aniston

50 ml Wodka
25 ml Likör mit Apfelgeschmack
12 ml Zitronensaft
12 ml Cointreau

Alle Zutaten im Shaker auf Eis schütteln. In ein gekühltes Martiniglas gießen. Eine Cocktailkirsche mit Stiel ins Glas legen.

Der Appletini, wie er auch genannt wird, gehört zu den beliebtesten Martini-Varianten (wobei sich die Gemeinsamkeit auf die Form des Glases beschränkt, in dem das Getränk serviert wird) und war in den vergangenen 20 Jahren in zahlreichen Spielfilmen und TV-Sendungen zu sehen. In der Facebook-Zentrale avancierte er zum offiziellen Drink, nachdem Gründer Mark Zuckerberg ihn bei der Premiere des Doku-Dramas *The Social Network* probiert hatte, in dem der Cocktail ebenfalls eine Rolle spielt. Der Ursprung ist unbekannt, und die Liste der unterschiedlichen Rezepturen ist unendlich lang. Unser Rezept basiert auf einer Empfehlung der International Bartenders Association (IBA) unter Hinzufügung von Zitronensaft, damit der Drink nicht zu süß und zu schwer wird.

Brooke versucht, die Eifersucht ihres Ex-Freundes und ehemaligen Mitbewohners zu wecken, um ihn zu zwingen, die gescheiterte Beziehung aufzuarbeiten. Ihre Freundin Addie verkuppelt sie mit Paul, einem netten, aber nerdigen Typ, der sie zum Abendessen ausführt. Paul erinnert sich an einen Ratschlag von Brookes Ex und bestellt zwei Apple Martinis, um etwas Schwung in die Konversation zu bringen. Brooke weiß um die zündende Wirkung des Drinks und bestellt sicherheitshalber ein Glas Wasser dazu.

Apple Tini

AQUA VELVA

Zodiac – Die Spur des Killers • 2007
Robert Graysmith / Jake Gyllenhaal

20 ml Wodka
20 ml Gin
12 ml Blue Curaçao
Zitronenlimonade (z.B. 7 Up oder Sprite)

Alle Zutaten bis auf die Limonade im Shaker auf Eis schütteln. In ein mit Eis gefülltes Hurricaneglas gießen. Die Zitronenlimonade auffüllen. Mit einem Zitronenschnitz und einer Cocktailkirsche am Spieß sowie Schirmchen und Trinkhalm servieren.

Aqua Velva ist ein beliebtes und preisgünstiges Aftershave, das seit 1917 auf dem Markt ist. Aufgrund seines hohen Alkoholgehalts wurde es angeblich während des Zweiten Weltkriegs von Matrosen als Getränk konsumiert. Wann oder wo tatsächlich ein echter Drink daraus wurde, ist nicht überliefert, aber dieser Cocktail für Anspruchslose gehört zum festen Repertoire anrüchiger Bars und wird manchmal mit einem Leuchtstab als Dekoration serviert. Die Spirituosen können auch durch Tequila oder Rum ersetzt werden, während zur Abwechslung ein frischer Minzezweig als Dekoration dient.

Robert arbeitet als Karikaturist für eine Zeitung. Der schüchterne Künstler macht auf sich aufmerksam, als ihm die Entschlüsselung eines rätselhaften Bekennerbriefs vom berüchtigten »Zodiac-Mörder« gelingt. Als weitere Briefe eintreffen, wird Robert vom Kriminalreporter Paul auf einen Drink eingeladen. In der Bar bestellt Robert unbedarft ein leuchtend blaues Getränk – einen Aqua Velva – samt Fruchtgarnitur und Papierschirmchen. Als der erprobte Trinker Paul sich darüber lustig macht, verteidigt Robert seine Wahl: »Du würdest dich nicht darüber amüsieren, wenn du ihn probiert hättest.« Tatsächlich reicht ein Schluck, um eine anstrengende, mit Dechiffrierarbeiten verbrachte Nacht zu vergessen.

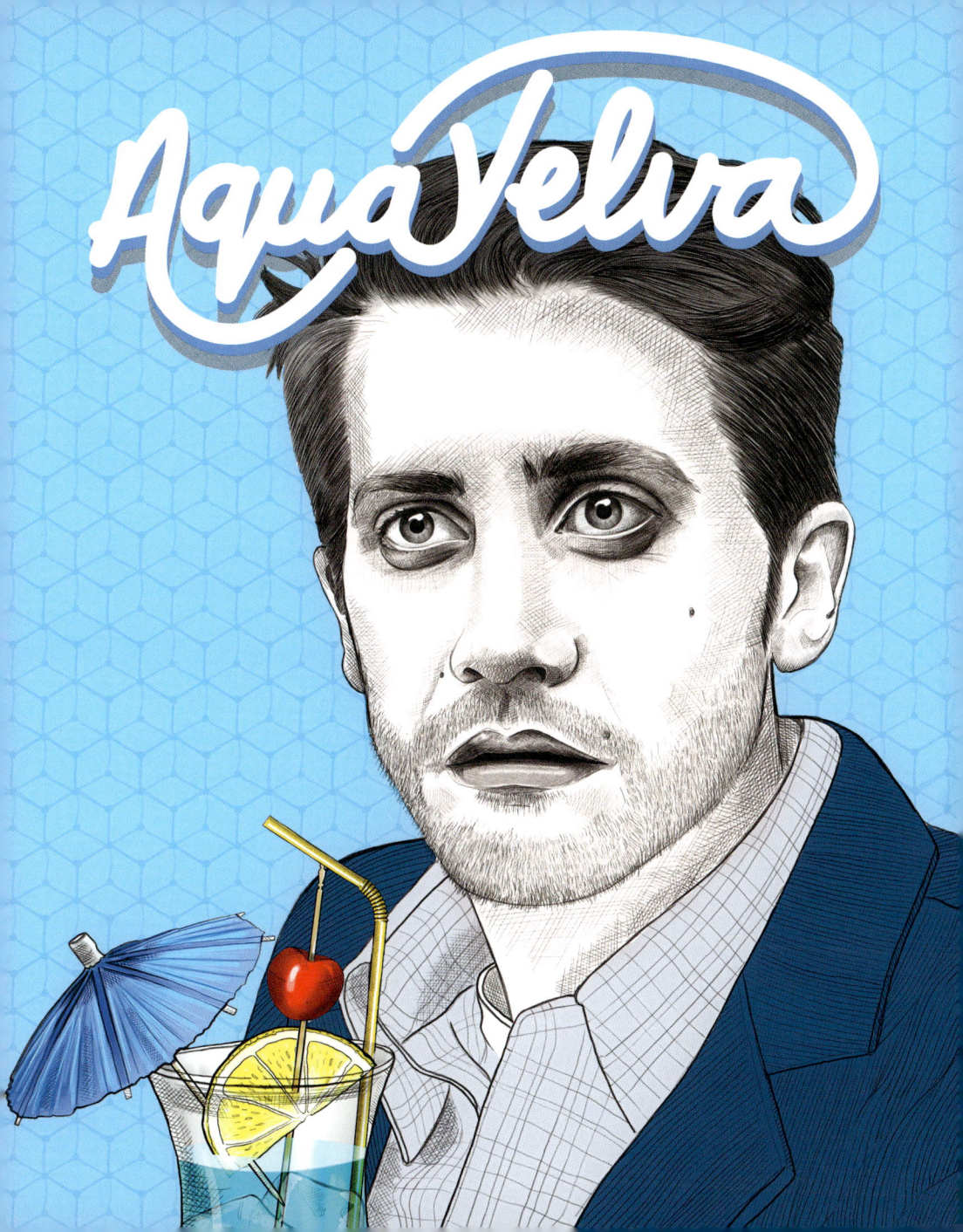
AquaVelva

ARNOLD PALMER

Die etwas anderen Cops • 2010
Allen Gamble / Will Ferrell

100 ml Eistee
75 ml eisgekühltes Wasser
25 ml frisch gepresster Zitronensaft
12 ml Agaven- oder Zuckersirup
50 ml Bourbon (optional)

In einem hitzebeständigen Glaskrug Teebeutel (für jede Tasse Wasser einen) mit kochendem Wasser übergießen, für jeden Beutel einen Löffel Zucker hinzugeben, nach fünf Minuten die Teebeutel herausnehmen und den Sud über Nacht kühl stellen.

Die Zutaten in ein Collinsglas geben und mit einem Zitronenschnitz garniert servieren.

Mit Bourbon wird aus dem »Mocktail« ein Südstaaten-Drink für Erwachsene.

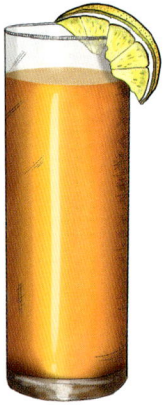

Während der Ursprung der meisten Cocktails sagenumwoben oder gar unbekannt ist, gilt das nicht für den Arnold Palmer. Der Namensgeber, einer der besten Profi-Golfer aller Zeiten, weilte bis 2016 unter uns und konnte bezeugen, dass er es war, der den Drink kreiert und popularisiert hat. Er bestellte nach Turnieren zur Erfrischung »Eistee mit einem Drittel Limonade«. Aufgrund von Palmers Bedeutung für den Golfsport setzten Clubhäuser und Restaurants, die er frequentierte, das Getränk bald auf die Karte und benannten es nach dem prominenten Gast. Inzwischen geht es, in Dosen abgefüllt, auf denen sein Gesicht prangt, rund 500 Millionen Mal pro Jahr über die Ladentheken der Welt.

Der Ermittler Terry ist hin und weg von der Ehefrau seines ungleichen Partners Allen. Sie serviert ihrem Mann jeden Tag ein Frühstück auf Grand-Hotel-Niveau. Terry und Allen verfolgen eine Spur: Die Typen, die den beiden ihren Wagen und Allens Handy geklaut haben, rufen versehentlich Allens Ex-Freundin an. Auch sie ist eine umwerfende Frau, wie Terry bei den weiteren Ermittlungen herausfindet. Wie macht Allen das nur? Das werden wir nie erfahren, aber der aktuelle Lebensabschnittspartner der Traumfrau ist eine unsympathische Flasche, die »Arnie Palmies« anbietet und karierte Hosen trägt.

Arnold Palmer

BANANA DAIQUIRI

Aus nächster Nähe • 1996
Tally Atwater / Michelle Pfeiffer

50 ml weißer Rum
25 ml frisch gepresster Limettensaft
12 ml Bananenlikör
12 ml Zuckersirup
½ geschälte Banane

Alle Zutaten im Mixgerät mit zerstoßenem Eis (etwa ein Schöpflöffel oder eine Tasse voll) vermischen. Zuerst auf niedriger, dann auf immer höherer Stufe mischen, bis ein lockeres Püree entsteht. In einem Hurricaneglas auf Eis servieren.

Wie im Kinofilm kann man diesen Drink mit einer Cocktailkirsche und einem Ananasstück am Spieß servieren oder der individuellen Kreativität freien Lauf lassen. Unverzichtbar ist nur der Trinkhalm.

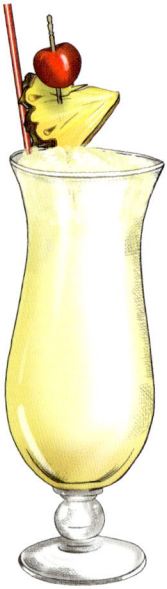

Die »Mountain Top Bar« auf Saint Thomas (eine der Amerikanischen Jungferninseln) beansprucht die Erfindung des Banana Daiquiri für sich. In diesem beliebten Touristentreff, Ausgangspunkt für spektakuläre Aussichtstouren ins Gebirge, wird der Drink noch immer voll Stolz serviert. Angeblich verschlug es 1953 einen britischen Schiffskapitän namens George Soule auf der Suche nach dem besten karibischen Cocktail hierher. Die ursprüngliche Version des Banana Daiquiri, auf die er beim Insel-Hopping auf Saint Thomas gestoßen war, ergänzte er um Limettensaft und selbst gemachten Bananenlikör. Das Originalrezept der »Mountain Top Bar« wird noch immer geheim gehalten.

Tally ist die Neue in der Nachrichtenredaktion von »Channel 7« in Philadelphia und gerade aus dem Urlauberparadies Miami hierher umgezogen. Bei den Zuschauern kommt sie nicht gut an, ebensowenig bei der Moderatorin Marcia. Sie zeigt Tally die kalte Schulter. Als die beiden von den Sender-Bossen auf einen Umtrunk eingeladen werden und Tally den typischen Florida-Drink Banana Daiquiri bestellt, weckt das bei Marcia Erinnerungen an ihre Studentenzeit und die berüchtigten Frühlingsferien in Fort Lauderdale. Es bleibt der Fantasie der Filmzuschauer überlassen, was dieses süffige Getränk dort mit ihr angestellt hat.

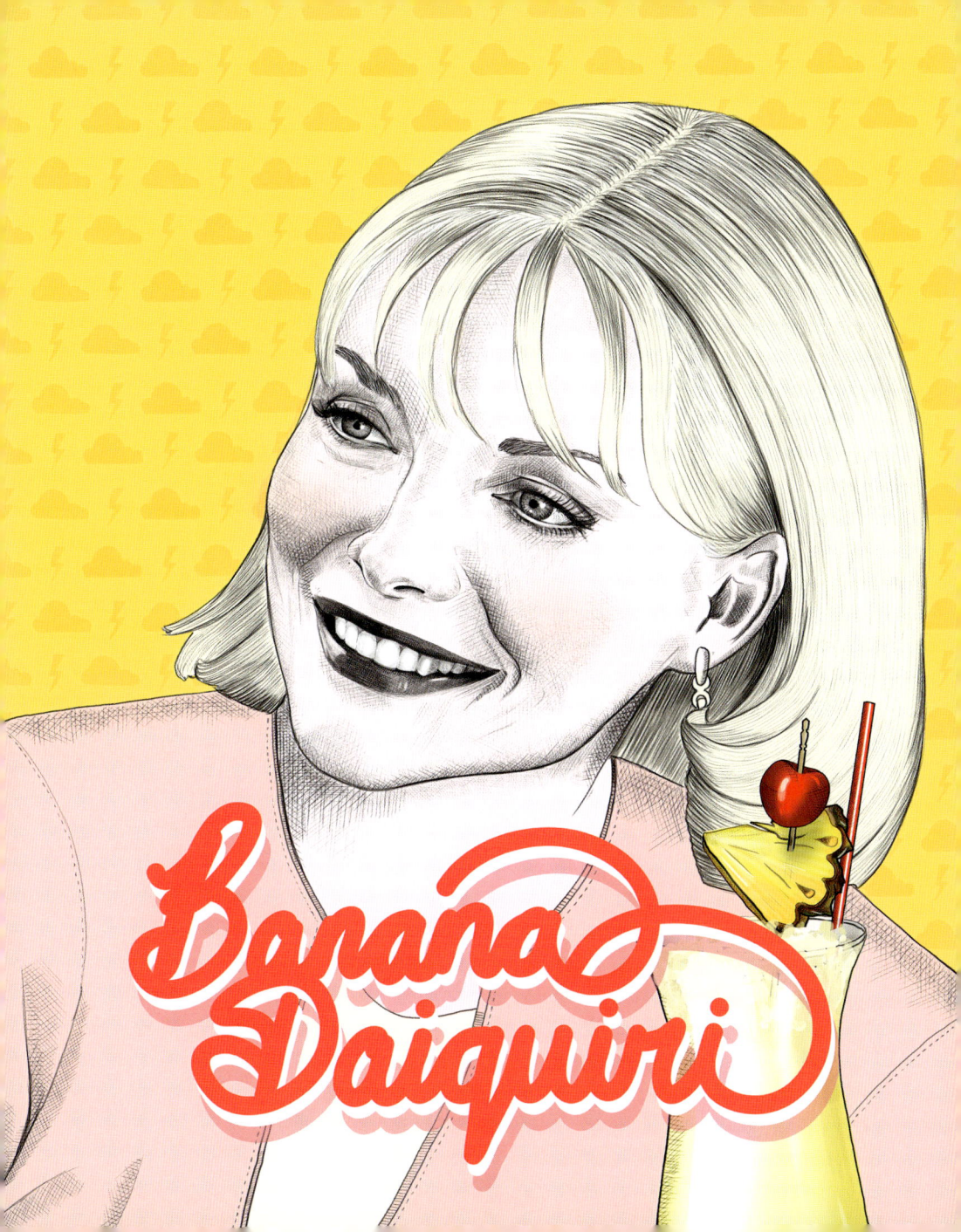
Banana
Daiquiri

BAY BREEZE

Red Eye • 2005
Lisa Reisert / Rachel McAdams

50 ml Wodka
75 ml Cranberrynektar
75 ml Ananassaft

Alle Zutaten im Shaker auf Eis schütteln. In ein mit Eis gefülltes Highballglas gießen. Mit einem auf den Glasrand gesteckten Limettenschnitz garniert servieren.

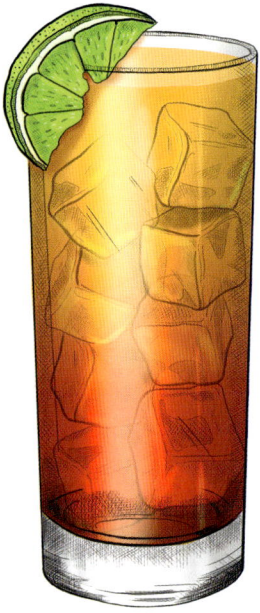

Der Bay Breeze variiert den Sea Breeze, wobei Ananas anstelle von Grapefruit für einen lieblichen und (beim Schütteln) schaumigen Charakter sorgt. Die große Breeze-Familie (zu der auch der Cape Codder zählt) stützt sich auf die Kombination von Wodka mit Cranberrynektar, die angeblich von der einschlägigen Anbaukooperative »Ocean Spray« in den 1940er-Jahren propagiert wurde. Der Breeze gewann im finsteren Cocktail-Mittelalter, also nach 1960, an Beliebtheit. Diese Ära übersüßer und quietschbunter Drinks mit Geschmacksverstärkern und haltbaren Fruchtsäften kannte weder Subtilität noch Raffinesse. Gottlob überlebte der Bay Breeze das Massaker. Mit hochwertigen Zutaten ist er ein ausgewogener Drink für jede Gelegenheit.

Lisa möchte einfach nur nach Hause, aber ihr Flug nach Miami verspätet sich, und am Flughafen Dallas herrscht Chaos. Beim Schlangestehen begegnet sie dem charmanten Jackson Rippner und verbringt schließlich die Wartezeit mit ihm in einer Bar. Mit bemerkenswert hellseherischer Zielsicherheit erkennt er sie als Sea-Breeze-Typ, sie besteht allerdings auf einem Bay Breeze. Dieser scheint ihr nicht besonders zuzusagen, also lag er wohl richtig. Während sie ihre Drinks nehmen, deutet er scherzhaft an, ein Mörder zu sein, aber seine durchdringenden blauen Augen und seine einschmeichelnden Worte wiegen Lisa in Sicherheit – bis sie angeschnallt neben ihm im Flugzeug sitzt und es kein Entkommen mehr gibt.

Bay Breeze

BLACK RUSSIAN

Nur 48 Stunden • 1982
Reggie Hammond /
Eddie Murphy

50 ml Wodka
25 ml Kahlúa (Kaffeelikör)

Die Zutaten in einem mit Eis gefüllten Mixglas verrühren. In ein mit Eis gefülltes Old-Fashioned-Glas abseihen.

Der Black Russian ist mindestens zwei Jahrzehnte älter als sein bekannterer Cousin, der samtige White Russian. Eine Geschichte verlegt die Entstehung des dunklen Drinks ins Brüsseler »Hotel Metropole«. Angeblich kreierte der Barkeeper Gustave Tops den Cocktail dort Ende der 1940er-Jahre anlässlich eines Besuchs von Perle Mesta, der amerikanischen Botschafterin in Luxemburg. (Mesta selbst konsumierte aus religiösen Gründen allerdings keinen Alkohol.) Zu den bekanntesten Varianten zählen der Dirty Black Russian im Highballglas, bei dem mit Cola aufgegossen wird; der Irish Russian, bei dem man das Gleiche mit Guinness macht; und der Mudslide mit Baileys Irish Cream. Die Entstehung des Espresso Martini Ende der 1980er-Jahre (mit Zugabe von Espresso und ohne Eis serviert) wurde höchstwahrscheinlich von der himmlischen Kombination aus Kaffee und Wodka inspiriert.

Reggie hat ganze 48 Stunden Freigang bekommen, um mit seinem neuen Partner, dem Polizisten Jack, einen schwer bewaffneten Mörder zu stellen. Ihre Suche führt sie ins »Torchy's«, eine Bar, in der es von Rednecks mit Cowboyhüten und Konföderiertenflaggen nur so wimmelt. Das ist nicht gerade Reggies Komfortzone, also bestellt er einen Drink zur Beruhigung der flatternden Nerven – etwas mit Wodka. Der Barkeeper meint, dass ein Black Russian am besten zu Reggie passe. Dieser spart nicht mit Komplimenten zum speziellen Humor des Barkeepers, will aber lieber einen Wodka pur haben. Das Schnapsglas schleudert er in den Barspiegel und mischt danach den Laden gründlich auf. Dabei geht er nicht zimperlich mit den Grobianen im Lokal um, weil er Antworten auf seine Fragen will.

Black Russian

BLOODY MARY

Fletch – Der Troublemaker • 1985
Irwin »Fletch« Fletcher / Chevy Chase

38 ml Wodka
75 ml Tomatensaft
12 ml Zitronensaft
3 Dashes Worcestershiresauce
6 Tropfen Tabascosauce
2 Prisen frischer Pfeffer aus der Mühle
1 Prise Selleriesalz

Alle Zutaten mindestens 30 Sekunden sanft im Shaker auf Eis schütteln. In ein mit Eis gefülltes Highballglas gießen. Mit einem Sellerie-Stick mit Blattgrün garnieren.

Woher die Bloody Mary kommt, ist umstritten, aber die Kombination Wodka und Tomatensaft erlangte ihre Beliebtheit nach 1920, als der Komiker George Jessel das Getränk regelmäßig im berühmten »21 Club« in New York bestellte. Der gefeierte Barkeeper Fernand Petiot aus »Harry's New York Bar« in Paris nahm für sich in Anspruch, diese simple Mixtur zur modernen Bloody Mary weiterentwickelt zu haben: eine Kreation mit »vier reichlichen Dashes Salz, zwei Dashes schwarzem Pfeffer, zwei Dashes Cayennepfeffer, einer Lage Worcestershiresauce und einem Dash Zitronensaft«. Diesen Cocktail servierte er in seiner Bar, zu deren Stammgästen Prominente wie Ernest Hemingway, Humphrey Bogart und Coco Chanel zählten.

Fletch will mehr über das Angebot erfahren, das ihm Alan Stanwick gerade gemacht hat: 50 000 Dollar für das Vergnügen, den Millionär im eigenen Heim durch einen inszenierten Mord vom schleichenden und schmerzhaften Krebsleiden zu erlösen, was die Familie obendrein in die Lage versetzen würde, die Lebensversicherungssumme zu kassieren. Für seine Nachforschungen schleicht sich Fletch an einem heißen Tag als Spieler verkleidet in einen Tennisklub ein, um Stanwicks Ehefrau näher kennenzulernen. Als der Kellner nach seiner Mitgliedskarte fragt, gibt Fletch vor, von den Underhills eingeladen zu sein. Diesem hochnäsigen Ehepaar gönnt man es, wenn ihm eine Bloody Mary und zwei Steak-Sandwiches auf die Rechnung gesetzt werden.

Bloody Mary

BRANDY ALEXANDER

Two Lovers • 2008
Leonard Kraditor / Joaquin Phoenix

50 ml Brandy
50 ml Crème de Cacao
50 ml fettreduzierte Sahne

Alle Zutaten im Shaker auf Eis schütteln. In ein gekühltes Martiniglas oder – wie im Film – in einen Weinbrandschwenker abseihen.

Dieser üppig-samtige Drink hat viele Väter. Angeblich wurde die Urfassung mit Gin zu Ehren des russischen Zaren Alexander II. kreiert. Andere behaupten, ein Barkeeper namens Troy Alexander vom »Rector's« in New York habe ihn für einen Themenabend erdacht, an dem nur weiße Drinks serviert werden durften. Erstmals gedruckt erschien das Rezept in Patrick Gavin Duffys *The Official Mixer's Manual* 1934, in dem die Varianten mit Gin oder Brandy als »Alexander« bzw. »Alexander Nr. 2« erscheinen. Aus dem Buch von Duffy stammt auch die Anleitung für »Alexander's Sister« mit Crème de Menthe anstelle von Crème de Cacao.

Leonard ist ein junger, emotional labiler Fotograf. Die tägliche Arbeit in der elterlichen chemischen Reinigung ist nicht gerade glamourös. In kurzer Folge lernt er zwei schöne Frauen kennen. Eine der beiden, Michelle, ist blond, mondän, aber unerreichbar, weil sie in Ronald verschossen ist, ein erfolgreicher Anwalt und ihr Vorgesetzter. Leonard und die beiden Frauen verabreden sich zu einem Abendessen. Als der verlegene Leonard in einem piekfeinen New Yorker Restaurant auf beide wartet und der Getränkekellner vor ihm steht, erinnert er sich an Ronalds Favoriten – den Brandy Alexander. Dieser verliert allerdings viel von seiner vornehmen Aura, als Leonard ihn nervös durch einen Trinkhalm zu schlürfen beginnt.

Brandy Alexander

BRONX

Der dünne Mann • 1934
Nick Charles / William Powell

38 ml Gin
19 ml lieblicher Wermut
19 ml trockener Wermut
¼ Orange

Eis, Gin und die Wermuts in den Shaker geben. Den Saft des Orangenstücks darüber auspressen. Alles schütteln. In eine gekühlte Cocktailschale abseihen. Mit einem Zitronenschnitz und einer Cocktailkirsche am Spieß servieren.

Der Bronx ist eng mit dem Martini verwandt und wohl nach 1900 entstanden. Er gilt als frühester Cocktail mit Fruchtsaft. Unser Rezept stammt aus Patrick Gavin Duffys *The Official Mixer's Manual*, das im selben Jahr erschien, als *Der dünne Mann* auf die Leinwand kam. Bei Duffy gibt es die Variante »Dry Bronx«, für die eine Scheibe Ananas mit dem Stößel zerdrückt wird. Das klassische Rezept unterscheidet sich von der aktuellen Empfehlung der International Bartenders Association durch einen etwas höheren Anteil von trockenem Wermut.

Über die Erfindung des Drinks kursieren zwei Geschichten, die beide zu Beginn des 20. Jahrhunderts spielen. Die eine nennt den Barkeeper Johnnie Solan (oder Solon) im New Yorker »Waldorf Astoria« als Erfinder aufgrund einer Wette, während Joseph S. Sormani den Cocktail in Philadelphia entdeckt haben will (so behauptet es jedenfalls sein Nachruf in der *New York Times*). Welche Version wahr ist, werden wir nie erfahren, möglicherweise haben beide nur die Erfindung des jeweils anderen für sich reklamiert.

Der berühmte Detektiv Nick Charles und seine Frau Nora feiern die Heimkehr nach New York. Seit ihrem Umzug nach San Francisco vor einiger Zeit haben beide die alten Bekannten vermisst, außerdem die Stammbars, wo einen die Kellner kennen. Nick ist als erprobter Trinker Experte für Mixgetränke. Er erklärt den aufmerksam lauschenden Barkeepern, das Geheimnis des erfolgreichen Mixens läge im Rhythmus beim Schütteln: beim Manhattan ein Foxtrott, beim Dry Martini ein Walzer und beim Bronx ein Two-Step. Spielt das wirklich eine Rolle? Probieren Sie es selbst aus.

Bronx

CHAMPAGNE CUP

Grand Budapest Hotel • 2014
Monsieur Gustave / Ralph Fiennes

25 ml Brandy
12 ml Orangenlikör
1 TL Maraschinokirsch-Sirup
Champagner

Alle Zutaten bis auf den Champagner in einem mit Eis gefüllten Mixglas verrühren. In eine Champagnerschale abseihen. Mit Champagner aufgießen und mit einer Cocktailkirsche servieren.

»Cups« mit Champagner oder Rotwein finden sich bereits in den frühesten Anleitungten zur Cocktailzubereitung. In Jerry Thomas' *How to Mix Drinks* von 1862 würdigt der Autor den Cup als ausgezeichnet und bezeichnet ihn als »Zaren-Nektar«, weil er in der russischen Aristokratie enorm beliebt sei. Thomas' Rezept enthält mehr pflanzliche Zutaten als bei uns, ein wenig Sherry und etwas, was er »Himbeer-Ratafia« nennt – darunter versteht er Früchte, die mit Alkohol und Zucker angesetzt worden sind. Für unsere Zwecke eignen sich am besten der Sirup, in dem Maraschinokirschen eingelegt sind, oder ein Likör wie Chambord.

Nach einer abenteuerlichen Flucht aus dem Gefängnis, verfolgt von Polizei, Armee und skrupellosen Kriminellen, gelingt es Monsieur Gustave endlich, seine Unschuld zu beweisen. Er kehrt an die Stätte seines Wirkens zurück, das geliebte »Grand Budapest Hotel«. Er entspannt sich von den erlittenen Strapazen an der Bar mit einem Champagne Cup in Gesellschaft der reichen älteren Damen, für die er eine Schwäche hat. Sein Lehrling und Leidensgefährte Zero wird seine Stellung als Concierge übernehmen und das Erbe des vermögenden Chefs antreten. Auch er wird dem Hotel, diesem liebenswerten Relikt einer längst vergangenen Ära, ein Leben lang die Treue halten.

Champagne
Cup

COSMOPOLITAN

Sex and the City • 2008
Carrie Bradshaw / Sarah Jessica Parker

38 ml Wodka
25 ml Triple Sec
25 ml frisch gepresster Limettensaft
50 ml Cranberrynektar
1 Dash Orangenbitter

Alle Zutaten im Shaker auf Eis schütteln. Vorsichtig in ein gekühltes Martiniglas abseihen. Mit einem (flambierten) Orangentwist garnieren.

Die Ursprünge des »Cosmo« liegen in der zweiten Hälfte der 1980er-Jahre. Mag die Urheberschaft auch umstritten sein – die Beliebtheit ist ungebrochen. Sein Reiz erschließt sich nämlich auch jenen, die nicht gewohnheitsmäßig Cocktails konsumieren. Gleichzeitig verfügt er über genügend aromatischen Tiefgang, um selbst den Ansprüchen verwöhnter Gaumen zu genügen. Dank der häufigen Auftritte in *Sex and the City* als Lieblingsdrink der Freundinnen nahmen ihn in den 1990er-Jahren viele Bars in ihr Repertoire auf, was seinen Ruf als moderner Klassiker begründete.

Mit ihren mehr oder weniger leidvollen Erfahrungen in Liebesdingen im Gepäck treffen sich die Freundinnen zur Feier von Samanthas Fünfzigstem. Der runde Geburtstag wird im trendigen Meatpacking District in einer Bar begangen, die Treffpunkt aller hippen New Yorker ist. Die Mädels nippen an ihrem Markenzeichen, dem Cosmopolitan, und dieses einzigartige Ensemble von Aromen weckt Erinnerungen an den Spaß und die Freiheit, aber auch die Unsicherheit und Ungewissheit vergangener Zeiten.
Sie sind jetzt lebensklüger und wohl auch glücklicher. Als Miranda die Frage stellt, woran es lag, dass die Truppe irgendwann auf ihre geliebten Cosmos verzichtete, bringt Carrie es auf den Punkt: Weil alle anderen damit angefangen haben, ihn zu trinken.

Cosmopolitan

DAIQUIRI

Unser Mann in Havanna • 1959
Jim Wormold / Alec Guinness

62 ml weißer Rum
19 ml Limettenkonzentrat
12 ml Zuckersirup

Alle Zutaten im Shaker auf Eis schütteln. In eine gekühlte Cocktailschale abseihen. Mit einer schwimmenden Limettenscheibe servieren.

Vom Daiquiri weiß man ausnahmsweise gewiss, wo er herkommt, nämlich aus Daiquirí auf Kuba. Amerikanische Bergbauingenieure, die in einer nahe gelegenen Eisenerzmine arbeiteten, machten im 19. Jahrhundert das Beste aus dem, was der Ort zu bieten hatte – Limetten, Rohrzucker und Rum –, und schufen so einen beliebten Klassiker. Frühe Mixanleitungen verringerten den Anteil von Zuckersirup zugunsten von Grenadine oder ersetzten ihn ganz damit. Heute gibt es unzählige Varianten mit unterschiedlichen Mischungsverhältnissen von 8:2:1 (nach Embury) über den Countdown (3:2:1) bis hin zum Hemingway-Daiquiri, der im »La Floridita« in Havanna für den Schriftsteller kreiert wurde, mit 25 ml Maraschinolikör und 20 ml Grapefruitsaft.

Jim lebt seit 15 Jahren in Havanna. Trotz seines unverkennbar englischen Habitus fühlt er sich als Einheimischer. Seine Tochter Milly macht ihm das Leben schwer und seine Staubsaugervertretung läuft nicht besonders gut. In diesen schwierigen Zeiten schätzt er die kubanischen Bars, wo er wie andere Expats Daiquiris, mal geschüttelt, mal als Slush, konsumiert. In seiner Lieblingskneipe wird er von einem mysteriösen britischen Gentleman angesprochen, der ihm einen unerwarteten Vorschlag macht. Wird Jim darauf eingehen?

Daiquiri

DIRTY MARTINI

Iron Man 2 • 2010
Natalie Rushman (Natasha Romanoff) / Scarlett Johansson

50 ml Gin
12 ml trockener Wermut
6 ml Olivenlake

Alle Zutaten im Shaker auf Eis schütteln. Vorsichtig in ein gekühltes Martiniglas abseihen. Mit einem schmalen Zitronentwist servieren.

Die Existenz des Dirty Martini verdanken wir wohl dem kleinen Malheur, dass die Lake aus einem Olivenglas versehentlich in Wermut gelangte. Gerüchten zufolge kurierten russische Trinker mit dieser Mischung ihren Kater (oder glaubten es wenigstens). Andere schreiben die Kreation dem US-Präsidenten Franklin D. Roosevelt zu, der seine Gäste an der heimischen Bar gerne mit gewagten Experimenten überraschte. Bei gedankenloser Zubereitung schmeckt der Dirty Martini tatsächlich abscheulich, besonders wenn die Oliven nicht in Lake, sondern in Öl oder in einer Mischung aus beidem eingelegt waren.

Tony Stark trägt seit einer schweren Verletzung einen kleinen Reaktor in seiner Brust. Das Palladium darin vergiftet langsam sein Blut. Ein zufälliges Treffen mit dem skrupellosen Physiker Ivan Vanko in Monaco hat Tony gerade so überlebt. Die nächste Geburtstagsfeier könnte seine letzte sein. Bei den Vorbereitungen für die Party zaubert ihm seine atemberaubende Assistentin Natalie einen Martini aus dem Shaker, der es in sich hat. Verführerisch fragt sie ihren Chef, ob der Drink »schmutzig« genug sei, während ihn düstere Todesahnungen plagen. Wie wird er seinen vermutlich letzten Geburtstag begehen? Er wagt natürlich ein Tänzchen in seiner Iron-Man-Rüstung!

Dirty Martini

DRY MARTINI

Nach Büroschluss – Elf Uhr 20 Mordalarm • 1935
Jim Branch / Clark Gable

62 ml Gin
12 ml trockener Wermut

Alle Zutaten etwa 30 Sekunden in einem mit Eis gefüllten Mixglas verrühren. In ein gekühltes Martiniglas abseihen. Einen schmalen Streifen Zitronenschale abschälen, diesen der Länge nach gefaltet über dem Drink ausdrücken, um die ätherischen Öle freizusetzen. Mit der Zeste den Glasrand einreiben, diese spiralförmig verdrehen und in den Drink legen.

Eine Konstante in der Cocktail-Evolution seit dem 19. Jahrhundert ist die Tendenz zum stets trockeneren Martini. Im *Bartender's Manual* von Harry Johnson aus dem Jahr 1882 wird das Mischungsverhältnis von Gin zu trockenem Wermut mit 1 : 1 angegeben. In Patrick Gavin Duffys *Official Mixer's Manual* von 1934 liegt es bereits bei 2 : 1. David Emburys Klassiker *The Fine Art of Mixing Drinks* von 1948 empfiehlt 7 : 1, räumt aber ein, dass das Verhältnis nach Geschmack variiert werden kann. In der trockensten Variante liegt es bei 10 : 1, wobei das Glas dann nur noch mit Wermut ausgespült wird, den man dann in die Flasche zurück schüttet. Oder man versprüht mit einem Zerstäuber etwas Wermut über dem Gin mit Eis.

Der energiegeladene und charmante Zeitungsredakteur Jim ist stets an einer Story dran. Während der Recherche über eine Dreiecksbeziehung in besseren Kreisen wird einer der Beteiligten ermordet. Die Berichterstattung schlägt ins Pikante um. Sharon wurde gerade als Konzertkritikerin von Jim gefeuert. Sie, das Society-Girl, könnte ihm aber den Weg nach ganz oben ebnen – auch zum Mörder. Während Jim Sharon den Hof macht und mit ihr in Edeltreffs an Dry Martinis nippt, begreift er, dass er sich gerade Hals über Kopf in sie verliebt. Kann er sich überhaupt noch auf den Kriminalfall konzentrieren?

Dry Martini

DUBONNET COCKTAIL

Tootsie • 1982
Michael Dorsey (Dorothy Michaels) / Dustin Hoffman

50 ml Dubonnet Rouge
50 ml Gin
1 Dash Orangenbitter

Alle Zutaten im Shaker auf Eis schütteln. In ein gekühltes Martiniglas abseihen. Einen schmalen Streifen Zitronenschale abschälen, diesen der Länge nach gefaltet über dem Drink ausdrücken, um die ätherischen Öle freizusetzen. Die Zeste spiralförmig verdrehen und in den Drink legen.

Dubonnet ist ein leicht bitterer Aperitif auf Basis von Mistelle, einem Likörwein, aromatisiert mit Chinarinde und Kräutern. Das Rezept wurde 1846 vom Fabrikanten Joseph Dubonnet als bekömmliche Variante eines bestehenden Tonikums zur Malariaprophylaxe für die französischen Truppen in Nordafrika entwickelt. Der Dubonnet Cocktail machte zu Beginn des 20. Jahrhunderts seine Aufwartung. Bekannt wurde er als Lieblingsdrink der englischen Königinmutter und der Oberschicht, die das Mixgetränk von Ferienaufenthalten in Südfrankreich kannte. Der Dubonnet Cocktail ist noch immer der bevorzugte Mittagsaperitif von Königin Elisabeth II. – serviert mit viel Gin im Rocksglas und dem Zitronentwist unter den Eiswürfeln.

Der Schauspieler Michael Dorsey ist frustriert. Angesichts ausbleibender Angebote geht er ein großes Wagnis ein – er verkleidet sich als Frau und zieht einen Traumjob in einer Seifenoper an Land. Weil er zum Casting als Dorothy Michaels angetreten ist, muss er diese Rolle aber immer weiter spielen und ein Doppelleben führen. Er besucht den berühmten »Russian Tea Room« in Manhattan, wo sein Agent George regelmäßig zu Mittag speist. Michael will ihn anpumpen, um die dringend benötigte neue Damengarderobe bezahlen zu können. George erkennt seinen Klienten nicht, bis dieser sich ihm offenbart und einen »Dubonnet mit einem Twist« bestellt.

Dubonnet
Cocktail

EGG NOG

Die schreckliche Wahrheit • 1937
Jerry Warriner / Cary Grant

75 ml Milch
50 ml Crème Double
1 Dash Vanilleextrakt
1 Prise gemahlener Zimt
1 Ei
25 ml Zuckersirup
50 ml schwarzer Rum oder Bourbon

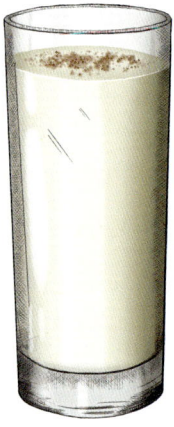

Milch, Sahne und Gewürze im Topf erhitzen (nicht kochen!). Eigelb und Zuckersirup mit dem Schneebesen aufschlagen und langsam unter Rühren zur Milchmischung geben. Diese vier Minuten bei mittlerer Hitze weiter rühren. In einen Glasbehälter umfüllen, abkühlen lassen. Den Alkohol dazugeben und über Nacht kühl stellen. In einem Collinsglas mit etwas frisch geriebener Muskatnuss servieren.

Weihnachten ohne Eierpunsch ist in Nordamerika undenkbar. Im Mutterland England trank man im Mittelalter *Posset*, mit Spezereien gekochte Milch, die mit Ale oder Wein zur Gerinnung gebracht wurde. Mit Eiern und Spirituosen entstand daraus der Egg Nog. In Amerika reicht dessen Geschichte bis ins 18. Jahrhundert zurück, zubereitet wahlweise mit karibischem Rum oder Bourbon aus den Südstaaten, je nachdem, was gerade verfügbar war. Beide Basisalkohole sorgen gleichermaßen für ein wohlig warmes Gefühl ums Herz.

Jerry ist angeblich zu einem zweiwöchigen Aufenthalt nach Florida aufgebrochen, aber tatsächlich in New York geblieben. Aus dem Traum vom ungestörten Blaumachen im Big Apple wird allerdings nichts, denn Jerry findet heraus, dass sich der aalglatte Stimmtrainer Armand an seine Ehefrau heranmacht. Das Misstrauen zwischen den Partnern schlägt hohe Wellen, eine Scheidung scheint nicht mehr ausgeschlossen. Aus einer großen silbernen Punschschüssel serviert Jerry Egg Nog – ein verlässliches gesellschaftliches Schmier- und Bindemittel für jede Situation, auch wenn sie peinlich ist. Alle Anwesenden, inklusive des Nebenbuhlers, machen sich mit Vergnügen über den Punsch her.

Eggnog

FEUERZANGENBOWLE

Ist das Leben nicht schön? • 1946
Schutzengel Clarence / Henry Travers

100 g Gewürznelken
6 Orangen
½ Flasche Aged Rum
½ Flasche Cognac
130 g Zucker
2 Prisen Zimt
2 Prisen frisch geriebene Muskatnuss
500 ml erwärmter naturtrüber Apfelsaft
1300 ml Orangensaft
150 ml Zitronensaft

Die mit Gewürznelken gespickten Orangen 30 Minuten bei mittlerer Hitze in den Backofen legen. In eine Punschschüssel legen, mit Rum und Cognac begießen und den Zucker dazugeben. Den Alkohol entzünden und die Gewürze in die Flammen streuen. Nach 20 Sekunden nacheinander langsam mit Apfelsaft, 400 ml heißem Wasser und den Zitrussäften aufgießen, bis die Flammen verlöschen. In Teegläser schöpfen und mit frisch geriebener Muskatnuss bestreuen.

Punsch gibt es so lange wie die Spirituosen, mit denen wir ihn zubereiten. Vermutlich waren es britische Seeleute, die das Getränk im 17. Jahrhundert aus Indien ins Abendland brachten. Pate stand das Hindiwort *panch* für »fünf«, das sich auf die fünf wichtigsten Zutaten (Spirituosen, Früchte, Wasser, Zucker und Gewürze) bezog. Ursprünglich verwendete man im Westen Wein oder Brandy, bis sich karibischer Rum als bevorzugter Basisalkohol etablierte. In unserem Rezept teilen sich Rum und Cognac diese Aufgabe, weil sie dem heiß servierten Getränk erst sein reiches und feuriges Aroma verleihen. In düsteren Kaschemmen kredenzte man früher Punsch, nachdem man ihn durch das Eintauchen eines glühenden Schürhakens erhitzt hatte.

Anstatt sich selbst in den Fluss zu stürzen, rettet George einen älteren Herrn aus den Fluten. Dieser entpuppt sich als sein Schutzengel Clarence, der dem lebensmüden George vor Augen führt, wie seine Heimatstadt Bedford Falls aussähe, wenn es George niemals gegeben hätte. Die Stadt wäre in die Hände des skrupellosen Spekulanten Potter gefallen. Während ihres Aufenthalts in diesem Paralleluniversum besuchen sie eine schummrige Bar. Clarence, rüstige 292 Jahre alt, bestellt, was er am besten kennt – eine Feuerzangenbowle. Das weckt kurzzeitig die Lebensgeister der durchnässten und ausgekühlten Männer, bis sie sich wieder dem bitterkalten Winterwetter draußen stellen müssen.

Feuerzangenbowle

FRENCH 75

Casablanca • 1942
Rick Blaine / Humphrey Bogart

38 ml Gin
12 ml Zitronensaft
6 ml Zuckersirup
Champagner

Alle Zutaten bis auf den Champagner im Shaker auf Eis schütteln. In eine Champagnerschale abgießen und langsam mit Champagner auffüllen. Mit einem über den Glasrand drapierten Zitronentwist servieren.

Um den French 75 rankt sich die Legende, dass britische Soldaten im Ersten Weltkrieg in Frankreich mischten, was sie hatten – London Gin aus der Heimat und Champagner aus der Gegend, in der sie stationiert waren. Daraus entstand ein schlagkräftiger Mix, der nach dem Kaliber 75 des berühmten französischen Artilleriegeschützes M1897 getauft wurde. Von den verwüsteten Kriegsschauplätzen gelangte der Drink nach Amerika, wo er während der Prohibition (1920–1933) bei Barkeepern großen Anklang fand. Zu Handbuchehren kam der French 75 erstmals in *Harry's ABC of Mixing Cocktails* von Harry MacElhone (dem berühmten Namensgeber von »Harry's New York Bar« in Paris), ehe er sich zum modernen Klassiker entwickelte.

Irgendwann findet jeder den Weg in Ricks »Café Américain«: Soldaten, Politiker, Flüchtlinge, Spieler, Nazis und Versprengte wie Cafébesitzer Rick. Während der Zweite Weltkrieg Europa überrollt, ist dieser Teil von Nordafrika Zufluchtsort, aber auch Endstation für Heimatlose, die zurückwollen, aber nicht können. In Ricks Oase vergisst man für kurze Zeit, dass die Welt ringsum aus den Fugen geraten ist. Begleitet von Jazzklängen, ruhen bei Wein, harten Drinks und Cocktails zeitweilig alle Auseinandersetzungen. Als Rick nach seiner Nationalität gefragt wird, antwortet er »Trinker«. Das qualifiziert ihn in den Augen seines Gastes Capitaine Renault als »Weltbürger«.

French
75

GIBSON

Alles über Eva • 1950
Margo Channing / Bette Davis

42 ml Gin
8 ml trockener Wermut

Alle Zutaten in einem mit Eis gefüllten Mixglas verrühren. In ein gekühltes Martiniglas abseihen. Mit einer Cocktailzwiebel am Spieß und/oder einem über den Glasrand drapierten Zitronentwist servieren.

Dieses Rezept stammt aus *Esquire's Handbook for Hosts*, das 1954 erschien. Seither blieb es unverändert. Im Grunde handelt es sich um einen sehr trockenen Martini, der mit einer Cocktailzwiebel garniert ist. Vermutlich entstand der Gibson zu Beginn des 20. Jahrhunderts, Genaueres ist unbekannt. Eine Entstehungsgeschichte dreht sich um einen Abstinenzler, der ein Cocktailglas mit Wasser orderte, um unter den übrigen Barbesuchern nicht aufzufallen (und trotzdem nüchtern zu bleiben). Die Cocktailzwiebel half dabei, eine Verwechslung zu vermeiden. Die Wahrheit ist wohl, dass die auffällige Garnitur den sehr trockenen Martini von den übrigen, eher »nass« gemixten Martinis abheben sollte, die zu gleichen Teilen Wermut und Gin enthielten. Der Siegeszug des trockenen Martini hat dazu geführt, dass sich ein Gibson vom Dry Martini fast nur noch durch die Zwiebel unterscheidet.

Eve ist so besessen vom gefeierten Bühnenstar Margo, dass sie sich in deren Umfeld einschleicht. Margos Misstrauen gegenüber ihrer neuen Assistentin erwacht erst, als sie erkennt, dass Eves charmante Bescheidenheit nur vorgeschützt ist: Die Trittbrettfahrerin will ihr Idol von der Spitze der Unterhaltungsbranche verdrängen. Während eines Fests verfällt Margo in Selbstmitleid, weil sie sich wie ein verblassender Stern fühlt, der in seiner Galaxie von jüngeren überstrahlt wird. Sie tröstet sich mit mehreren Gibsons, »um ihren Leichnam einzubalsamieren«, wie sie sagt, und fordert den Pianisten auf, Liszts schwermütigen *Liebestraum* noch ein fünftes Mal zu spielen.

Eve
Gibson

GIMLET

Schnee am Kilimandscharo • 1952
Harry Street / Gregory Peck

38 ml Gin
12 ml Lime Juice Cordial

Alle Zutaten in einem mit Eis gefüllten Mixglas verrühren. In ein gekühltes Martiniglas abseihen. Mit einem auf den Glasrand gesteckten Limettenschnitz garnieren.

Dieser denkbar simple Drink entstand nach 1920. Heute wird er oft mit Sodawasser und Zucker gemixt. Das Original bestand eigentlich nur zu gleichen Teilen aus den beiden genannten Zutaten. Mit der Zeit wurde das Getränk eher trocken, also mit mehr Gin, zubereitet. Der Vodka Gimlet gewann am Übergang zum neuen Millennium an Beliebtheit, gerät aber angesichts der Gin-Renaissance wieder ins Hintertreffen. Wem der Gimlet seinen Namen verdankt, ist unbekannt, aber das Wort bezeichnet im Englischen einen Handbohrer – vielleicht ganz passend für einen Drink mit so stechendem Aroma. Der trockene Gin und die Säure der Limetten erwischen jeden Unbefangenen auf dem falschen Fuß.

Harry Street sieht in den heißen und staubigen Ebenen von Tansania dem Tod ins Auge, weil sich die von einem Dorn verursachte Stichwunde gefährlich infiziert hat. Ans Bett gefesselt, gepflegt von seiner Ehefrau Helen, lässt er sein Leben als Schriftsteller Revue passieren. Seine Erfolge erscheinen ihm nun hohl und sinnlos. Harry erinnert sich an Paris, wo er Cynthia Green traf, mit ihr Gimlets trank, ihr den Hof machte und sie sich in ihn verliebte. Trotz ihrer Armut war das gemeinsame Leben dort erfüllt, ehe Harrys Fernweh ihn nach Afrika trieb, weg von der wahren Liebe seines Lebens.

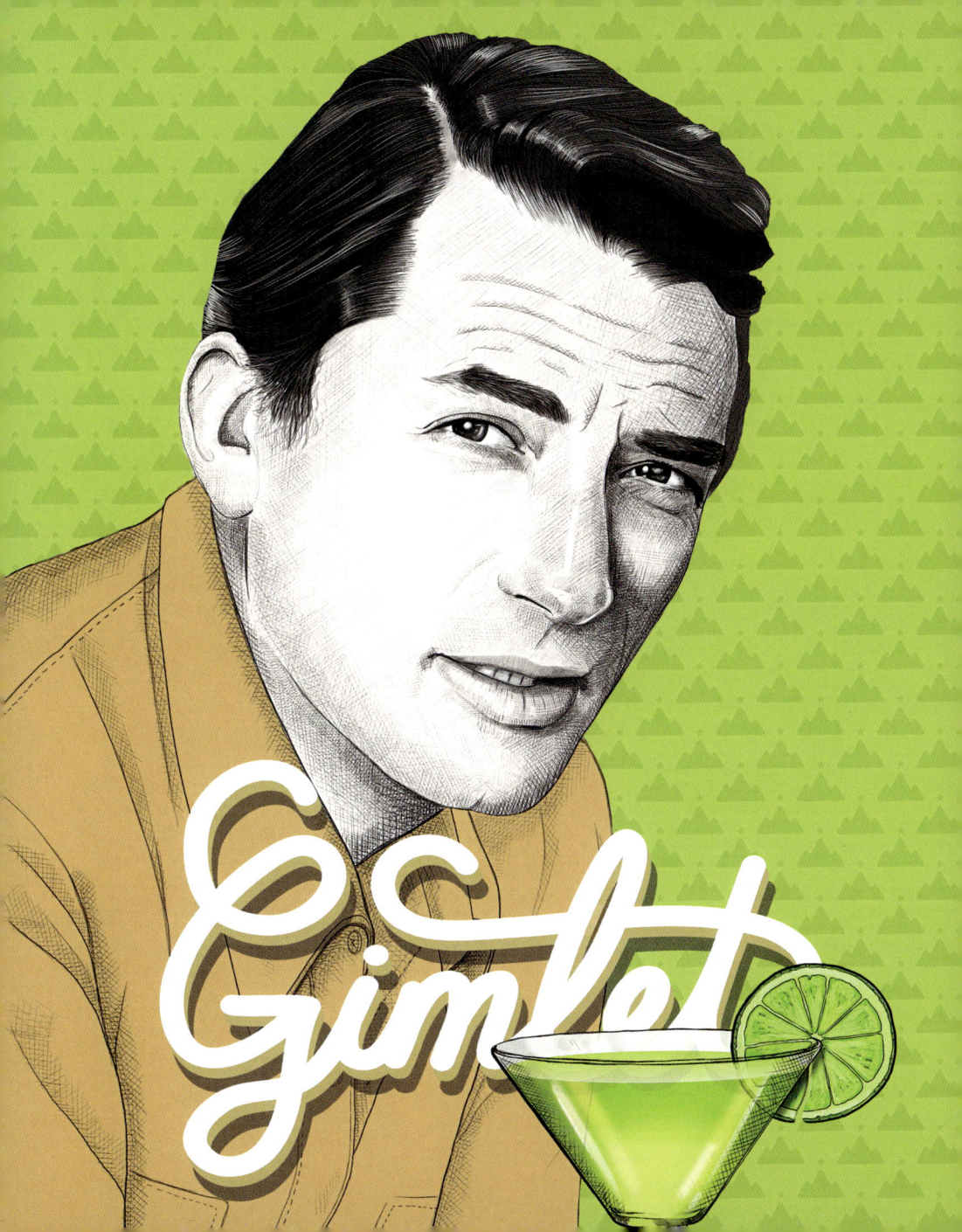
Gimlet

GIN ALEXANDER

Weiße Weihnachten • 1954
Bob Wallace / Bing Crosby

38 ml Dry Gin
19 ml Crème de Cacao
19 ml Sahne
¼ Eiweiß

Alle Zutaten im Shaker auf Eis kräftig schütteln. In eine gekühlte Champagnerschale gießen, wobei sich reichlich Schaum aufbauen sollte. Mit frisch geriebener Muskatnuss bestreuen.

Der Alexander-Cocktail gehört einer überaus variantenreichen Drinkfamilie an, bei der Spirituosen mit Sahne und Eis (auch mit Crème de Cacao) gemixt werden. Das Resultat besitzt praktisch immer Dessertcharakter. Wir setzen hier noch einen drauf: Durch Hinzufügen von Eiweiß erhalten wir einen fluffigen, baiserartigen Drink, wie er in der Speisewagenszene aus diesem Weihnachtsklassiker serviert wird. Während man diesen Cocktail üblicherweise mit Brandy als Basisalkohol kennt, ist die Gin-Variante bedeutend älter und darf als Ursprungsrezept angesehen werden. Seit Beginn des 20. Jahrhunderts ist die Brandy-Variante als Alexander No. 2 bekannt.

Phil hat seinem Vorgesetzten Bob im Zweiten Weltkrieg das Leben gerettet. Seither sind beide unzertrennlich. Ihre Broadway-Auftritte sind Stadtgespräch in New York. Während beruflich alles auf Hochtouren läuft, herrscht an der Beziehungsfront Stille. Die Suche nach frischen Talenten für ihre Show führt die Partner nach Florida, wo sie in einem Club ein Duo, die Haynes Sisters, kennenlernen. Phil wittert die Chance, seinen Partner zu verkuppeln. Die reizenden Schwestern haben für die Weihnachtsferien ein Engagement in einem Hotel in Vermont. Ehe sie am folgenden Tag nach Norden aufbrechen, droht ihnen jedoch die Verhaftung durch den örtlichen Sheriff wegen eines Disputs mit ihrem Vermieter. Phil verhilft den beiden zur Flucht und schenkt ihnen seine und Bobs Zugfahrkarten. Alle vier begegnen sich im Speisewagen wieder. Bob lässt sich widerwillig darauf ein, die Schwestern nach Pine Tree zu begleiten, wo alle ein unvergessliches Weihnachtsfest erwartet.

Gin
Alexander

GRASSHOPPER

Auf der Jagd nach dem grünen Diamanten • 1984
Joan Wilder / Kathleen Turner

25 ml Crème de Menthe
25 ml Crème de Cacao
25 ml fettreduzierte Sahne

Alle Zutaten im Shaker auf Eis schütteln. In ein gekühltes California-Cocktailglas abseihen.

Dieses Dessertgetränk wurde angeblich von Philip Guichet kreiert, dem Besitzer des »Tujague's«, ein kreolisches Lokal im Herzen des French Quarter von New Orleans. Bei einem Wettbewerb für Barkeeper in New York errang der Drink den zweiten Preis. Guichet setzte ihn nach diesem Erfolg um 1919 auf die Karte seines Lokals. In den Südstaaten erfreute sich der Grasshopper wachsender Beliebtheit, sowohl als Milchshake wie als alkoholisches Dessert, wobei unterschiedliche Mengen von Eiscreme die Sahne ersetzen können und der Drink geschlagen oder im Mixgerät zubereitet wird.

Joan schreibt zwar Liebesromane, aber privat ist die Einsamkeit ihr treuester Begleiter. Sie wohnt allein mit ihrer Katze, und irgendwie gelingt es ihr nie, den richtigen Mann zu finden. Die meisten Männer in New York findet sie abstoßend, egozentrisch oder einfach nur schräg. Auch bei einem gemeinsamen Barbesuch mit ihrer Lektorin fällt die Bestandsaufnahme ernüchternd aus. Während Joan ihr Liebesleid in Grasshoppers zu ertränken versucht, fällt ihre Schwester in Kolumbien einer Entführung zum Opfer. Es ist Joan, die den Schlüssel zu ihrer Befreiung in Händen hält.

Grasshopper

GREEN CRÈME DE MENTHE FRAPPÉ

Funny Girl • 1968
Fanny Brice / Barbra Streisand

50 ml grüne Crème de Menthe
fein zerstoßenes Eis

Champagnerflöte oder California-Cocktailglas mit Rasureis (mit einer Reibe vom Block gehobeltes Eis) oder mit fein zerstoßenen Eiswürfeln (mit dem Stößel in einem sauberen Geschirrtuch) füllen. Crème de Menthe über das Eis träufeln.

Crème de Menthe ist ein französischer Likör. (Wie könnte es mit *dem* Namen auch anders sein?) Korsische Minze zieht mehrere Wochen in Getreidebrand, das Endprodukt entsteht durch Filterung und Aufsüßen. Heute ist der Likör kaum noch gefragt: Assoziationen von wunderlichen alten Damen und altmodischen Likörkabinetten in angestaubten Vorstadt-Wohnzimmern drängen sich auf. In klassischen Cocktails wie dem Grasshopper und dem Stinger ist Crème de Menthe allerdings unverzichtbar. Diese Zubereitung wirkt wie ein feuchtfröhlicher Slushie mit Minzgeschmack. Er funktioniert genauso mit Eiscreme, entweder als Affogato oder zum dickflüssigen Shake geschlagen.

Das Ziegfeld-Girl Fanny wartet auf dem Bahnsteig auf ihren Zug nach Chicago, als ihr ein Bukett voll wundervoller Rosen mit einer Nachricht von ihrem Liebhaber Nick überreicht wird. Kurz entschlossen besteigt sie hastig den Zug nach New York, wo sie auf einem Schlepper den Ozeandampfer einholt, auf dem Nick nach Europa abgefahren ist. Er kann kaum glauben, dass sie ihm gefolgt ist. Im prächtigen Speisesaal planen sie ihre gemeinsame Zukunft. Als Mann von Welt bestellt Nick ihr einen raffinierten europäischen Drink – einen Crème de Menthe Frappé –, ehe er in eine Hochzeit einwilligt.

Green
Crème
de Menthe
Frappé

HAND GRENADE

Girls Trip • 2017
Ryan Pierce / Regina Hall

38 ml Gin
38 ml Getreidebrand
38 ml Wodka
38 ml Rum
38 ml Melonenlikör
38 ml Ananassaft

Alle Zutaten im Shaker auf Eis schütteln. In ein mit zerstoßenem Eis gefülltes Highballglas abseihen. Bei Bedarf mit Eis auffüllen, bis das Glas randvoll gefüllt ist. Mit einer auf den Glasrand gesteckten geviertelten Limone garnieren.

New Orleans ist die Heimat vieler beachtlicher Drinks, aber dieser hinterlässt bei den meisten Besuchern bleibenden Eindruck: ein potentes Spirituosengemisch, das mit Melonenlikör und Ananassaft süffig gemacht wird. Der Name deutet bereits an, welche Wirkung es entfaltet. Unter der Bezeichnung »stärkster Drink von New Orleans« wird er von den »Tropical Isle«-Bars in der Bourbon Street im Herzen der Jazzmetropole in auffälligen grünen Yard-Gläsern serviert. Ausgeheckt wurde der Cocktail von Pam Fortner und Earl Bernhardt. Das geheime Rezept entstand anlässlich der Eröffnung ihrer ersten eigenen Bar während der Weltausstellung von 1984. Es hat dem Lokal in der Bourbon Street einen prominenten Ruf verschafft. Mittlerweile ist ein Besuch in New Orleans ohne einen Abstecher dorthin undenkbar.

Das Partyleben der unzertrennlichen Girl-Gang während ihrer Collegezeit liegt schon einige Jahre zurück. Beruf, Ehe und Kinder lassen den Freundinnen kaum noch Zeit, vom Pfad der Tugend abzuweichen (oder sich überhaupt wiederzusehen). Ryan, die als Lifestyle-Guru Promis berät, soll die Festrede beim Essence Festival in New Orleans halten. Sie beschließt, die Freundinnen für einen überfälligen Mädelstrip zusammenzutrommeln. Erste Station ist natürlich die berühmte Bourbon Street, wo die Straßenfest-Atmosphäre mit Jazzband-Auftritten und Karneval gerade ihren Höhepunkt erreicht. Die Frauen ziehen sich den berüchtigten Hand-Grenade-Cocktail rein. Während das Stimmungsbarometer unaufhörlich steigt, bekommen Ryans Freundinnen ein Handyfoto jener Frau zugespielt, mit der Ryans Ehemann soeben eine Affäre hat – und sie können nicht einfach weiter Party machen, ohne es ihr zu sagen.

Hand Grenade
STILL ILL

HARVEY WALLBANGER

Game Night • 2018
Max / Jason Bateman

38 ml Wodka
75 ml Orangensaft
12 ml Galliano L'Autentico

Wodka und Orangensaft in einem mit Eis gefüllten Highballglas verrühren. Den Galliano-Likör darüber träufeln. Mit einer Cocktailkirsche und einer auf den Glasrand gesteckten Orangenscheibe garnieren.

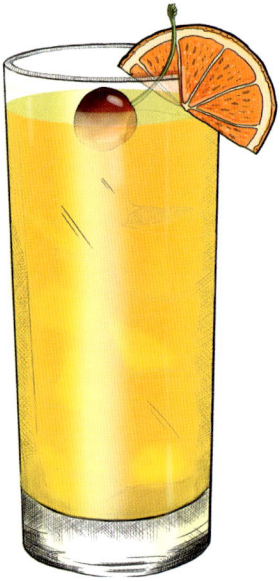

Die Geschichte gleicht der so vieler anderer Drinks: Die Ursprünge liegen im Dunkeln, die Urheberschaft ist umstritten. Der Drink war beinahe vergessen, als eine erfolgreiche Marketingkampagne für einen steilen Aufschwung sorgte. Zuletzt war er allenfalls noch bei Snobs beliebt. Heute, im goldenen Zeitalter der Mixgetränke, zeigt sich der Publikumsgeschmack deutlich aufgeschlossener. Inzwischen verstößt es nicht mehr gegen den guten Ton, diesen Drink zu bestellen. Das Verdienst, diesen Cocktail wieder etabliert zu haben, gebührt dem Gebrauchsgrafiker Bill Young. Ein von ihm entworfenes Plakat hing in den 1970er-Jahren weltweit in Bars. Darauf erklärte ein kumpelhafter Surfertyp: »Mein Name ist Harvey Wallbanger. Und mich kann man machen!« Das Rezept war mit abgedruckt. Damals überwog der Saftanteil bei diesem Drink, was ihm nicht zum Vorteil gereichte. Deshalb servieren die meisten Bars heute die Variante mit mehr Alkohol.

Max und Annie lieben ihre Spieleabende. In Brett- und Quizspielen gehen beide vollkommen auf. Ausnahmsweise fungiert diesmal allerdings Brooks, Max' Bruder, als Gastgeber. Nicht nur das ist ungewohnt: Es handelt sich um ein Mörderspiel, bei dem die Grenzen zwischen Realität und Fiktion verschwimmen. Brooks wird entführt. Max und Annie vertiefen sich in die Hinweise und verfolgen die Spur bis zu einer örtlichen Bar. Beide glauben noch immer, an einem Spiel teilzunehmen. Max stellt den Mann hinter dem Tresen auf die Probe, indem er einen Harvey Wallbanger bestellt, einen Drink, den nur ein echter Barkeeper kennen kann. Nach und nach stellt sich jetzt heraus, dass das Spiel keines ist.

Harvey
Wallbanger

HEMINGWAY DAIQUIRI

Verführung einer Fremden • 2007
Rowena Price / Halle Berry

50 ml weißer Rum
33 ml Grapefruitsaft
12 ml Maraschino
12 ml Limettenkonzentrat

Alle Zutaten im Shaker auf Eis schütteln. In ein Martiniglas abseihen. Mit einem auf den Glasrand gesteckten Limettenschnitz servieren.

Ernest Hemingway verbrachte einen Großteil der 1930er-Jahre in der kubanischen Hauptstadt Havanna. Er war Stammgast in der Bar »La Floridita«, die bis heute für sich beansprucht, die Wiege des Daiquiri zu sein. Angeblich probierte er auf dem Weg zur Toilette einen frisch zubereiteten Daiquiri und riet dem Barkeeper, es ohne Zucker und mit der doppelten Menge Rum zu versuchen. Das Resultat wurde nach Hemingway benannt, erwies sich aber als wenig schmackhaft, zu sauer und selbst für standhafte Trinker zu alkoholisch. Seit einigen Jahrzehnten hat der Drink eine stetige Entwicklung durchgemacht. Ein allgemein akzeptiertes Standardrezept gibt es nicht, aber wenigstens über die Zutaten herrscht Einigkeit. Sie sorgen für eine würdige Alternative zum klassischen Daiquiri.

Grace wird tot aus dem Fluss geborgen, kurz nachdem sie ihrer guten Freundin Rowena, einer investigativen Reporterin, belastendes Material über kriminelle Aktivitäten von Harrison Hill übergeben hat. Rowena vermutet, dass der aalglatte Werbemogul beim Tod von Grace seine Finger im Spiel hatte. Sie heuert in seiner Agentur an, um verdeckt ermitteln zu können, und lässt sich auf einen Flirt mit Hill ein. Dieser überredet Rowena zu einem abendlichen Treffen. Diese einmalige Chance, an Informationen zu gelangen, lässt sie sich nicht entgehen. In der Bar erscheint sie im roten Kleid und mit auffälligen Ohrringen. Sie flirtet mit dem mutmaßlichen Mörder, der einen Hemingway Daiquiri bestellt. Hill will ihr die Zutaten erklären, aber Rowena fällt ihm ungeduldig ins Wort, als ob sie andeuten wollte, mehr zu wissen, als er vermutet.

Hemingway
Daiquiri

HIGHBALL

Der große Gatsby • 2013
Jay Gatsby / Leonardo DiCaprio

50 ml schottischer Whisky
Sodawasser

Den Whisky in ein mit Eis gefülltes Highballglas gießen und mit Sodawasser auffüllen. Auf drei Cocktailspieße je zwei Kirschen aufstecken, auf einem zusätzlich eine Zitronenscheibe. Von der Unterseite einer unbehandelten Zitrone eine flache Halbkugel abschneiden, in die zwei Kirschspieße gesteckt werden. Auf dem Drink platzieren. Den Kirsch-Zitronen-Spieß ins Glas legen. Mit einem Minzezweig garnieren und mit einem altmodischen gestreiften Trinkhalm servieren.

Patrick Gavin Duffy beanspruchte in seinem 1934 erschienenen Buch *The Official Mixer's Manual* für sich, den Highball 1894 in Amerika eingeführt zu haben. Er habe diesen Drink in seiner Bar für britische Schauspieler gemixt, die Scotch mit Soda bestellt hätten. Dieser Darstellung widersprachen bereits die Zeitgenossen. Inzwischen steht der Highball für eine ganze Gruppe von Longdrinks, bei denen eine hochprozentige Spirituose mit einem kohlensäurehaltigen Getränk in einem hohen Glas auf Eis serviert wird – wie Gin Tonic oder Rum-Cola. Im frühen 20. Jahrhundert galt Scotch mit Soda als beliebteste Kombination. Der Name des Highball ging angeblich auf Lokomotivführer zurück, die auf ihrer Dampfpfeife zwei kurze und einen langen Pfiff abgaben (ähnlich wie bei der Zusammensetzung des Drinks), um dem Zugführer zu signalisieren, dass der Wasserspeicher der Lokomotive vollständig aufgefüllt war. Als Anzeige diente ein Ball, der im Tank auf der Wasseroberfläche schwamm.

Gatsby fährt mit seinem prächtigen gelben Duesenberg am Haus seines Bekannten Nick vor. Sie unternehmen gemeinsam eine Spritztour durch New York und halten vor einem unansehnlichen Barbiersalon. Hinter den Dampfwolken und dem überwältigenden Aftershave-Dunst verbirgt sich der Eingang zu einer dekadenten Lasterhöhle mit Revuetheater, wo sich die feinen Leute von New York selbst in dieser Prohibitionszeit jeden erdenklichen Cocktail mixen lassen können. Die Barmannschaft weiß bereits, was Gatsby zum Mittagessen bestellen wird, und der Tisch füllt sich mit verschwenderisch garnierten Cocktails. Nick weiß zunächst nicht, worauf er sich eingelassen hat, aber der Lebensstil beginnt ihm zu gefallen.

Highball

HORSE'S NECK

Caught in a Cabaret • 1914
Mabel / Mabel Normand

50 ml Brandy
2 Dashes Angostura
Ginger Ale

Brandy und Angostura in ein mit Eis gefülltes Collinsglas gießen und mit Ginger Ale auffüllen. Mit einem über den Glasrand drapierten Zitronentwist servieren.

Der Horse's Neck begann seine Barlaufbahn Ende des 19. Jahrhunderts als Erfrischungsgetränk aus Ginger Ale auf Eis mit einem Dash Bitter und einem Zitronentwist. Als Cooler ist er bis heute bei sommerlichen Diners und Picknicks eine feste Größe. Nach 1900 gaben Bourbon oder Brandy dem Drink die Sporen. Letzterer machte schließlich im offiziellen Rezept der International Bartenders Association als dominanter Basisalkohol das Rennen. Die steile Karriere des potenten Longdrinks in der britischen Marine zog den Ruf des Horse's Neck etwas in Mitleidenschaft. Wenn Ian Fleming in seinem 1966 erschienenen Roman *Octopussy* James Bond die Bezeichnung »Säufer-Drink« in den Mund legte, war das allerdings etwas unfair.

In dieser Stummfilmfarce geht Charlie (Chaplin) mit seinem Dackel spazieren. Als er seinem kurzbeinigen Begleiter (der »zu nah am heißen Bürgersteig ist«) etwas Kühlung verschaffen will, stürzt Charlie in einen Brunnen. Er verheddert sich im Blumenschmuck für eine Party, verliert den Hund und stiftet beim Versuch, ihn zurückzubekommen, Chaos. Das Society-Girl Mabel hat bei ihrem Auftritt als Debütantin einen Horse's Neck bestellt, ehe sie mit ihrem Verlobten einen Waldspaziergang unternimmt. Das Paar wird überfallen, doch der zufällig vorbeikommende Charlie schlägt den Räuber in die Flucht und wird mit einem »Tête-à-Tête« (leider kein Getränk, wie er vermutet) im Anwesen der Geretteten belohnt.

Horse's Neck

KIR ROYAL

Die Nacht vor der Hochzeit • 1940
Tracy Lord / Katharine Hepburn

12 ml Crème de Cassis
75 ml Champagner

Crème de Cassis in eine gekühlte Champagnerflöte gießen und mit kaltem Champagner auffüllen. Mit einer auf den Glasrand gesteckten Brombeere servieren.

Nach 1900 war der Blanc Cassis ein beliebter Cocktail in den französischen Bars und Cafés. Dafür wurde Wein aus der Region mit etwas Crème de Cassis (ein Likör von schwarzen Johannisbeeren) gemischt. Volkstümlich wurde das Getränk aber erst durch Félix Kir. Als Priester und Held des französischen Widerstands im Krieg brachte er es zum Oberbürgermeister von Dijon. Kir ließ seinen Gästen das Getränk servieren, um die Bekanntheit des heimischen Likörs und des regionalen Weißweins aus Aligoté-Trauben zu steigern. Dieser sehr trockene und säurereiche Wein bildete die perfekte Basis für den lieblichen Likör. Mit Champagner wurde daraus ein besonders luxuriöser Aperitif, dem man den Namen des beliebten Politikers verlieh. In Frankreich versteht man unter einem Kir immer ein Glas Weißwein mit einem Schuss Fruchtlikör, aber nur Champagner adelt das Getränk zum Kir *Royal*.

Kurz vor Tracy Lords Hochzeit mit dem Aufsteiger George Kittredge taucht unerwartet Dexter auf, ihr geschiedener Ehemann. Er soll einen Reporter und eine Fotografin in das High-Society-Event einschleusen, wird aber eine größere Rolle spielen, als ihm lieb ist. Tracy hat einen anstrengenden Tag hinter sich, voller alter Rechnungen zwischen Familienmitgliedern und anderer unangenehmer Wahrheiten. Trotzig kippt sie einen Kir Royal nach dem anderen und lässt sich auf die Avancen des Klatschreporters Mike ein. Am Ende ist sie hin- und hergerissen zwischen drei Männern, und auch der reichliche Alkoholkonsum hat deutliche Spuren hinterlassen.

Kir Royal

LONG ISLAND ICED TEA

Eiskalte Engel • 1999
Cecile Caldwell / Selma Blair

12 ml Tequila
12 ml Gin
12 ml Wodka
12 ml weißer Rum
12 ml Triple Sec
12 ml Zitronensaft
12 ml Limettenkonzentrat
19 ml Zuckersirup
Cola

Alle Zutaten bis auf die Cola in ein mit Eis gefülltes Highballglas gießen. Mit Cola auffüllen. Mit einem auf den Glasrand gesteckten Zitronenschnitz servieren.

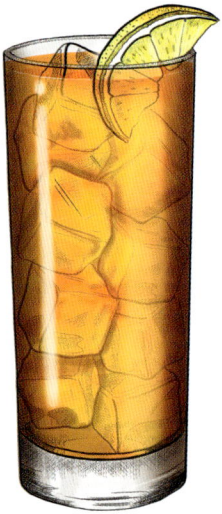

Die Urheberschaft ist bei diesem Drink umstritten. Ein Barkeeper aus New York, der im »Oak Beach Inn« auf Long Island arbeitete, beanspruchte die Kreation für sich. Sie soll 1972 bei einem Wettbewerb entstanden sein, bei dem die Verwendung von Triple Sec vorgeschrieben war. Andere Quellen verlegen die Entstehung in die Prohibitionsära. Solche Cocktails ließen sich als harmloser »Eistee« tarnen, obwohl reichlich Alkohol in ihnen steckte.

Kathryn ist eine Meisterin der Manipulation, und das bekommen insbesondere die unbedarfte Cecile und der Womanizer Sebastian zu spüren. Kathryn hat die beiden geschickt verkuppelt, aus Rache, weil die naive Jungfrau Cecile ihr den Freund ausgespannt hat. Der durchtriebene Verführer Sebastian setzt Cecile einen Eistee vor, den diese mit kindlicher Begierde durch einen Trinkhalm schlürft. Als sich die alkoholische Wirkung rasant bemerkbar macht, schwant Cecile Böses, und sie fragt, ob das wirklich nur Eistee sei. Zu spät stellt sie fest, dass es sich um solchen von der Sorte Long Island handelt – also von jener, die unbedarfte Frauen unvermeidlich in Schwierigkeiten bringt.

Long Island Iced Tea

MAI TAI

Blaues Hawaii • 1961
Chad Gates / Elvis Presley

50 ml Aged Rum
25 ml Limettenkonzentrat
12 ml Curaçao
12 ml Orgeat-Mandelsirup
6 ml Agavensirup

Alle Zutaten im Shaker schütteln. In ein mit Eis gefülltes Rocksglas gießen. Ananasspalte und Cocktailkirsche aufspießen und vor dem Servieren an den Rand des Glases hängen.

Trader Vic (eigentlich Victor Jules Bergeron) gilt als Urvater der Tikidrinks. Der 1944 von ihm erfundene Mai Tai ist nur einer von vielen dieser Art, die er in seinem 1934 eröffneten Bar-Restaurant im kalifornischen Oakland anbot. Seit 1940 breitete sich der Tikistil im Franchisesystem rund um die Welt aus und erreichte zwischen 1950 und 1970 seinen Höhepunkt. Vics Buch *The Bartender's Guide* von 1947 (vor allem die Neuauflage von 1972) gilt immer noch als Pionierwerk. Nachdem Vic einigen Freunden aus Tahiti den neuen Drink serviert hatte, quittierte einer der Besucher das angeblich mit dem Ausruf »Maita'i roa ae!« (»Sehr gut!«). Hier stellen wir den Mai Tai in seiner Ursprungsform vor, ungeachtet der zahllosen Modifikationen, etwa dem Zusatz von Orangen-, Grapefruit- und Ananassaft für mehr Süße und als Streckungsmittel.

Chad hat gerade den Wehrdienst hinter sich. Seine stolze Mutter Sarah Lee leidet darunter, dass ihr Sohn sich nie im Gefecht bewähren musste, und sähe ihn lieber weiterhin in Uniform. Wie eine Süchtige stürzt sie sich auf Mai Tais, am liebsten solche mit einer Extraportion Rum. Als Chads Vater seinem Filius zur Feier des Tages einen Mai Tai anbietet, legt die Mutter ihr Veto gegen diesen »berauschenden Trunk« für den Sohn ein. Schlimm genug, dass der Mädchenschwarm sich als Touristenführer und Musiker durchschlagen möchte. Als Chad in die Reisebranche einsteigt und seine Verlobung mit der reizenden Maile bekanntgibt, kann es auf Kaua'i zum Anstoßen nur ein Getränk geben: eine Runde Mai Tais.

Mai Tai

MANHATTAN

Manche mögen's heiß • 1959 Sugar Kane Kowalczyk / Marilyn Monroe

50 ml Bourbon oder Rye Whiskey
25 ml lieblicher Wermut
2 Dashes Angostura

Alle Zutaten in einem mit Eis gefüllten Mixglas 30 Sekunden verrühren. In ein gekühltes Martiniglas abseihen. Mit einer Cocktailkirsche mit Stiel (oder am Spieß) servieren.

Traditionell wird der Manhattan mit Rye Whiskey gemixt, heute meist mit Bourbon. Beides hat seine Vorzüge, und Rye erlebt seit einigen Jahren eine Renaissance. Es gibt drei Geschmacksrichtungen, und in einer standesbewussten Bar wird man bei der Bestellung danach gefragt: »dry«, »perfect« oder »sweet«. Dry Manhattans enthalten trockenen, Perfect Manhattans halb trockenen, halb lieblichen Wermut. Der Sweet Manhattan wird hier vorgestellt, weil er die beliebteste und bekömmlichste Variante ist. Wer noch mehr Süße schätzt, fügt einen Löffel Sirup aus dem Glas mit Cocktailkirschen hinzu. Der Manhattan kam nach 1880 in Mode und gehört heute zu den unverzichtbaren Cocktails, mit dessen Variationen man ganze Getränkekarten füllen könnte.

Die Musiker Joe und Jerry waren unfreiwillig Zeugen einer blutigen Abrechnung unter Gangstern. Die Verbrecher sind ihnen jetzt auf den Fersen, weswegen die beiden ausgerechnet Zuflucht in einer Mädchenkapelle suchen. Das mühsam aufgebaute Versteckspiel in Frauenkleidern gerät ins Wanken, als Jerry die Schlafkabine im Nachtzug mit der verlockenden Blondine Sugar Kane teilen soll. Bevor sich beide aus einer eingeschmuggelten Flasche Bourbon einen Schluck genehmigen können, bekommen sie Besuch von Bandkollegin Dolores. Sugar Kane schlägt Manhattans vor und schickt Dolores aus, um Wermut und einen »Shaker« (eine Wärmflasche) zu besorgen. Bald ist eine richtige Party mit der ganzen Kapelle im Gang. Gelingt es Joe und Jerry in dieser Nacht, nicht aus der Rolle zu fallen und das Inkognito zu wahren?

Manhattan

MARGARITA

Boogie Nights • 1997
Eddie Adams (Dirk Diggler) / Mark Wahlberg

50 ml Tequila Blanco
12 ml Triple Sec
25 ml Limettenkonzentrat
1 TL Agavennektar

Für ein Frappé alle Zutaten mit zerstoßenem Eis im Mixgerät mischen und in ein Margaritaglas füllen. Für die klassische, ohne Eis servierte Variante im Shaker auf Eis schütteln und in ein Margaritaglas mit Salzkruste, alternativ in ein mit Eis gefülltes Rocksglas abseihen (das hält die Margarita länger frisch). Mit einem Limonenschnitz servieren.

Die Margarita verbreitete sich ab 1940 von Mexiko kommend in Nordamerika und trat nach 1950 ihren weltweiten Siegeszug an. Als Vorläufer gelten die Daisy aus dem 19. Jahrhundert oder auch der Sidecar. Die Margarita wurde seither unendlich vielen Abwandlungen in allen Farb- und Geschmacksrichtungen sowie Darreichungsformen unterworfen, aber unsere Version kommt dem Original am nächsten und gehört zu den am häufigsten bestellten Drinks der Welt. Alle drei Servierweisen – »straight up« ohne Eis, »frozen« als Frappé und »on the rocks« – sind vorzüglich und empfehlenswert.

Der junge Eddie Adams aus Torrance stammt aus einem zerrütteten Elternhaus. Seine Mutter hat ihn gerade vor die Tür gesetzt. Die kalifornische Pornoindustrie bietet dem knabenhaft wirkenden, aber mit üppiger Libido gesegneten jungen Mann eine neue Heimat und baut ihn zum Star des boomenden Geschäfts mit Sexvideos auf. Die noch ungewohnte Szene und die Exzentriker, die sie bevölkern, lernt der Novize anlässlich einer Poolparty beim Produzenten Jack Horner kennen. Er findet eine verwandte Seele im Darstellerkollegen Reed Rothchild, der ihm eine erfrischend salzige Margarita vorsetzt. Eddies Verwandlung in Dirk Diggler, den kommenden Stern am Pornohimmel, hat soeben begonnen.

Margarita

MARTINI

Batman • 1989
The Joker / Jack Nicholson

75 ml Gin
38 ml trockener Wermut

Alle Zutaten in einem mit Eis gefüllten Mixglas 30 Sekunden verrühren. In ein gekühltes Martiniglas abseihen. Mit einer aufgespießten Olive servieren.

Der Martini hat wohl zahlreiche Väter. Die Kombination von Gin mit Geschmacksträgern in Form von Bittern, Wermuts und Likörweinen ist seit dem 19. Jahrhundert beliebt. Die Hersteller Martini & Rosso vermarkteten ihre Produkte bereits 1863 als ideales Pendant zum Gin. Die Namensverwandtschaft des Cocktails mit dieser bekannten Marke entstand möglicherweise als ritualisiertes Kürzel beim Bestellen. Unser Martini tendiert mit dem Mischungsverhältnis aus zwei Teilen Gin und einem Teil Wermut eher zur »nassen« Variante und zeichnet sich wie im Spielfilm durch einen Hauch Bernsteinfärbung aus.

Jack Napier, der »Joker« ist seit seinem misslungenen Überfall auf die Firma Axis Chemicals ein gezeichneter Mann. Batman konnte den Verbrecher stellen, und beim Kampf stürzte Napier in einen Behälter mit ätzenden Chemieabfällen. Er hat das Unglück überlebt, und die dabei erlittenen bizarren Verstümmelungen überspielt er mit manischer Extravaganz. Erstaunlicherweise fühlt er sich besser denn je und kann es kaum erwarten, seiner Geliebten Alicia von seiner etwas unorthodoxen Runderneuerung zu berichten. Er nippt gerade an einem Martini, als sie, beladen mit Einkaufstüten, vom Einkaufsbummel zurückkehrt. Sie erleidet einen Zusammenbruch, als sie Jacks groteskes neues Antlitz zum ersten Mal sieht.

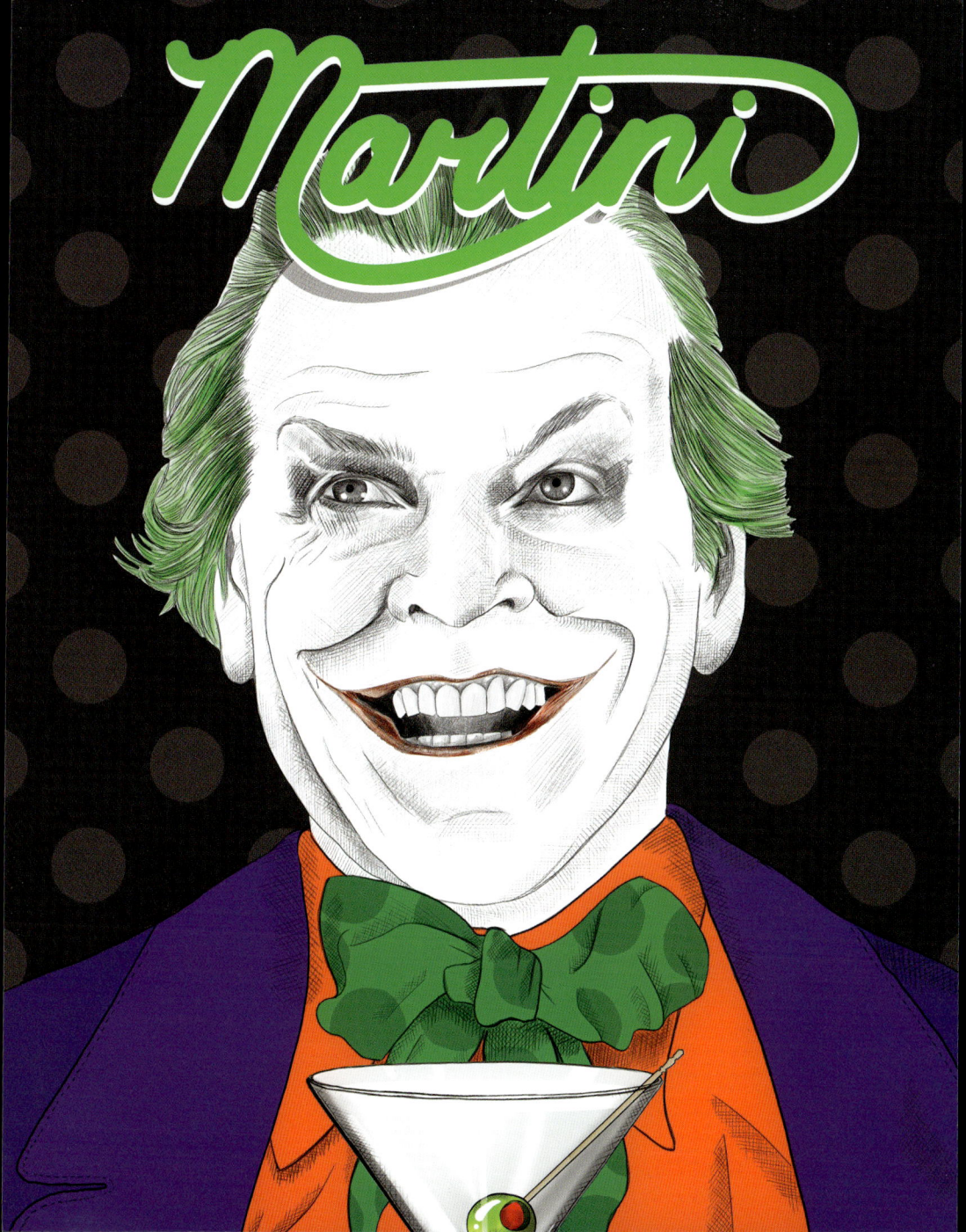
Martini

MIDNIGHT MARGARITA

Zauberhafte Schwestern • 1998
Sally Owens / Sandra Bullock

50 ml Tequila Añejo
12 ml Triple Sec
25 ml frisch gepresster Limettensaft
12 ml Himbeerlikör

Mit der Schale der ausgepressten Limette den Rand eines Rocks- oder Old-Fashioned-Glases abreiben. Das Glas mit der Öffnung nach unten in einen Teller mit Salz tauchen. Das Glas mit zerstoßenem Eis füllen. Tequila, Triple Sec und Limettensaft im Shaker auf Eis schütteln und ins Glas abseihen. Mit zerstoßenem Eis auffüllen und mit Himbeerlikör beträufeln.

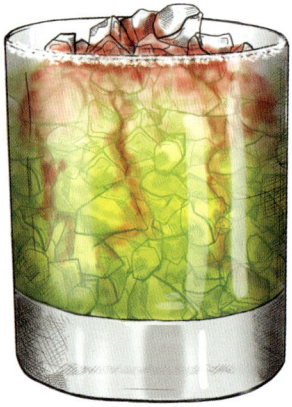

Die Midnight Margarita ist eine der zahlreichen Variationen, die es von diesem Eckpfeiler der Cocktailwelt gibt. Sie ist der sanfte Einstieg in eine ganze Kategorie verwandter Drinks, die man einfach lieben muss. In *Zauberhafte Schwestern* verwenden die Hexen unkonventionelle Zutaten wie »Zunge vom Hund« und »Blindschleichenstachel«, deren Wirksamkeit kaum überprüfbar ist. Empfehlen würden wir sie jedenfalls nicht. Stattdessen setzen wir auf Himbeerlikör, der dem Drink einen dramatischen Akzent verleiht. Nach Art eines Hexenkessels sickern purpurfarbene Streifen durchs grünlich schimmernde Eis, und die Salzkruste erinnert an den glitzernden Sternregen, der zur Magie unbedingt dazugehört.

Sally und Gillian sind keine gewöhnlichen Schwestern. Sie wurden von ihren Tanten großgezogen, die sie mit der Hexerei vertraut machten. Auch für Magierinnen läuft nicht immer alles rund im Leben, das gilt insbesondere für Beziehungsfragen. Aber ein Ritual funktioniert immer – Midnight Margaritas! Schlag zwölf beginnt der fröhliche Tanz der jungen Frauen mit ihren Tanten um das Mixgerät, wenn sie ihren magischen Partytrunk brauen: Tequila, Limetten, Zucker und etwas Fledermauswolle (dazu noch andere widerwärtige Zutaten, siehe oben), als Krönung ein Zauberspruch, der das Gebräu zum echten Hexenwerk macht.

Midnight
Margarita

MIMOSA

Rat Race – Der nackte Wahnsinn • 2001
Vera Baker / Whoopi Goldberg

12 ml Orangenlikör
50 ml Orangensaft
50 ml Champagner (brut)

Alle Zutaten bis auf den Champagner in eine Champagnerflöte gießen. Mit Champagner auffüllen. Mit einem schmalen, über den Glasrand drapierten Orangentwist servieren.

Der Mimosa stammt aus der Mitte der 1920er-Jahre und entstand angeblich in der Bar des Pariser Hotels »Ritz«. Frank Meier arbeitete dort 26 Jahre lang als Barkeeper und veröffentlichte 1936 das Buch *The Artistry of Mixing Drinks*. Zur gleichen Zeit, vielleicht sogar früher, entstand der Buck's Fizz im »Buck's Club« im Londoner Stadtteil Mayfair. Beide Drinks ähneln sich, nur dass die Londoner Variante ein Mischungsverhältnis von einem Teil Champagner zu zwei Teilen Orangensaft vorsieht. Mixerkreise zweifeln noch, ob man Triple Sec dem Orangenlikör wie Grand Marnier oder Cointreau vorziehen sollte, aber mehr geschmackliche Tiefe macht den Drink eigentlich nur interessanter.

Vera hat ihre Tochter zuletzt vor 27 Jahren gesehen. Veras Wahrsagerin Lucianne empfiehlt, nach dem damals zur Adoption freigegebenen Kind zu suchen, also wird ein Privatdetektiv angeheuert. Vera wartet in einem Hotelfoyer in Las Vegas auf die verlorene Tochter. Merrill erscheint tatsächlich, steht aber unter Stress. Langsam beruhigt und entspannt sie sich. Auf die Frage der Kellnerin, was die Frauen trinken möchten, antworten beide unisono »Mimosa«. Die Verbindung zwischen Mutter und Tochter ist sofort hergestellt, gerade rechtzeitig vor dem großen Abenteuer, das ihnen jetzt bevorsteht.

Mimosa

MINT JULEP

Thank You for Smoking • 2005
»Captain« / Robert Duvall

10 Minzeblätter
12 ml Zuckersirup
50 ml Bourbon

Einen Julep-Becher oder ein Collinsglas zur Hälfte mit zerstoßenem Eis füllen. Minze, Zucker und 12 ml eisgekühltes Wasser hinzufügen und sanft verrühren. Den Bourbon zugeben. Mit zerstoßenem Eis auffüllen und verrühren, bis sich auf der Außenseite des Gefäßes Reif zeigt. Mit einem Minzezweig garnieren.

Der Mint Julep gehört zu den ältesten Cocktails überhaupt. Die früheste bekannte Erwähnung von 1784 verdanken wir der Londoner »Society for Promoting Medical Knowledge«, die ihn als Mittel gegen »Magenübelkeit« empfahl. Im 19. Jahrhundert erscheint das Rezept in Cocktailbüchern, wobei Brandy, Gin und Whisky ähnlich häufig als Basis dienen wie Bourbon. Nach und nach wurde das Getränk immer mehr mit den amerikanischen Südstaaten und der typischen regionalen Spirituose Bourbon assoziiert. Nach 1930 avancierte es zum offiziellen Cocktail des Kentucky Derby, und 2008 rührte man in Churchill Downs den größten Mint Julep überhaupt an. Er war 2,30 Meter hoch, den riesigen Minzezweig eingerechnet.

Nick Naylor ist gerade im Fernsehen für die Tabaklobby aufgetreten und hat damit großes Aufsehen erregt. Er wird zum »Captain« zitiert, eine lebende Legende und jener Mann, dem die Branche die Einführung der Filterzigarette verdankt. Als Nick den exklusiven Club betritt, trifft er einen Südstaaten-Gentleman alter Schule, der einen Drink aus der Heimat vor sich stehen hat. Der »Captain« erklärt, dass man für einen wirklich guten Mint Julep die Minze mit dem Daumen auf dem Eis zerdrücken muss – das führt er vor, indem er mit leicht bedrohlich wirkender Geste einen Minzezweig auf seiner Handfläche zerquetscht –, um die ätherischen Öle freizusetzen. Wer ihm das beigebracht hat? Fidel Castro.

Mint Julep

MISSISSIPPI PUNCH

Frühstück bei Tiffany • 1961
Holly Golightly / Audrey Hepburn

50 ml Cognac
25 ml Bourbon
12 ml Zitronensaft
12 ml Zuckersirup
25 ml schwarzer Rum

Alle Zutaten bis auf den Rum im Shaker auf zerstoßenem Eis schütteln und in ein Collinsglas füllen. Das Glas mit zerstoßenem Eis auffüllen, den Rum darüber träufeln. Mit Orangenschnitz und Cocktailkirsche am Spieß servieren.

Dieser hochgradig alkoholische Partydrink erscheint im ersten Buch mit Mixrezepten, Jerry Thomas' *How to Mix Drinks* von 1862. Man kann den Mississippi Punch unter Beachtung der Mischungsverhältnisse auch als Bowle zubereiten, wobei Orangen und Beerenfrüchte für einen kräftigeren Auftritt und zusätzliches Aroma sorgen. Jüngere Rezepte verzichten häufig auf den Rum, und wenn der Cognac durch Ananassaft ersetzt wird, bekommt man einen Florida Punch.

Die Party strebt gerade ihrem Höhepunkt entgegen, der Alkohol fließt in Strömen. Holly Golightly steht einmal mehr im Mittelpunkt einer ihrer berüchtigten Soireen, die Freunde und Bekannte aus New Yorks betuchter Schickeriaszene wie Motten anziehen. Hollys namenlose Katze verfolgt vom Logenplatz auf dem Schrank aus, wie das Ganze in trunkener Ausschweifung versinkt, sehr zum Ärger von Mister Yunioshi in der darüber gelegenen Wohnung. Während der Nachbar noch überlegt, ob er die Polizei rufen soll, kommt eine frische Bourbonlieferung an. Der Nachschub an Mississippi Punch ist gesichert!

Mississippi Punch

MOJITO

Stirb an einem anderen Tag • 2002
James Bond / Pierce Brosnan

10 Minzeblätter
25 ml frisch gepresster Limettensaft
12 ml Agavensirup
50 ml weißer Rum
Sodawasser

Die Minzeblätter in einem Collinsglas mit Limettensaft und Agavensirup mit dem Stößel sanft zerdrücken. Das Glas zur Hälfte mit Eis füllen, Rum hinzufügen und verrühren. Mit Eis und dann mit Sodawasser auffüllen. Sanft verrühren. Mit Limettenschnitz und Minzezweig servieren.

Die Wiege des Mojito steht wohl in Havanna. Während Francis Drakes Flotte im 16. Jahrhundert in der Karibik auf Kaperfahrt ging und die spanischen Besitzungen plünderte, litt seine Mannschaft unter Mangelernährung und Seekrankheit. Auf Kuba stieß man auf ein beliebtes örtliches Allheilmittel – eine primitive Form von Rum, vermischt mit Limetten, Rohrzucker und Minze. Drakes Seeleute stellten fest, dass das Getränk gegen eine Vielzahl von Beschwerden wirkte, darunter Skorbut und Durchfall. Wann aus dem damals als *El Draque* bekannten Getränk der Mojito entstand oder worauf sich der Name genau bezieht, ist unklar. Eine Bar in der Altstadt von Havanna, »La Bodeguita del Medio«, behauptet, dass der Drink 1942 hier entstand und rasch zum Lieblingsgetränk vieler Berühmtheiten avancierte, darunter Ernest Hemingway.

Nachdem James Bond in der Strandbar Zuflucht vor der gnadenlos stechenden kubanischen Sonne gesucht hat, nippt er an einem eiskalten Mojito und gönnt sich eine feine Zigarre – zwei der wichtigsten Exportgüter der Karibikinsel. Als Vogelkundler getarnt, hat er durch sein Fernglas am Strand einen ganz besonderen Wasservogel erspäht – die Agentin Jinx Johnson. James bietet ihr von seinem Mojito an, während sie sich abtrocknet. Der Cocktail ist für ihren Geschmack etwas zu stark, aber sie könnte sich daran gewöhnen. Glücklicherweise steht beiden dafür eine ganze Nacht zur Verfügung.

Mojito

MOLOKO PLUS

Uhrwerk Orange • 1971
Alex DeLarge / Malcolm McDowell

25 ml Absinth
25 ml Anisette-Likör
50 ml Irish-Cream-Likör
125 ml Milch
12 ml Zuckersirup

Alle Zutaten im Shaker auf Eis schütteln.
In ein Collinsglas abseihen.

Der Moloko Plus gehört zu einer Familie fiktiver Drinks. Er kommt im Buch von Anthony Burgess und in Stanley Kubricks Spielfilm vor. Im Buch werden den verschiedenen Cocktailvarianten jeweils bewusstseinsverändernde Substanzen zugesetzt, wobei »Vellocet« Opiate enthält, »Synthemesc« synthetisches Mescalin und »Drencrom« das Stoffwechselprodukt Adrenochrom. Mittlerweile haben viele Barkeeper ihre eigenen Rezepte (mit hoffentlich legalen Zutaten) für diese der Fantasie entsprungenen Getränke entwickelt. Unser Rezept enthält Absinth, um auf die vermeintlich psychoaktiven Eigenschaften des Moloko Plus anzuspielen.

Alex DeLarge ist Anführer einer kleinen Jugendbande, die durch ihren grotesken Auftritt und ihre ungehemmte Brutalität auffällt. Er und seine »Droogs«, wie er sie im internen Gangjargon »Nadsat« nennt, hängen in der höhlenartigen Korova-Milchbar ab. Mit der Arroganz der Jugend fläzt die Gang auf ihren Sitzgelegenheiten. Die Tische, auf die sie ihre Füße legen, sind nackte Frauenpuppen. In der Bar wird der Moloko Plus in seiner ganzen Bandbreite konsumiert – aufputschend, entspannend, bewusstseinsverändernd. Mit ausdruckslosen Gesichtern starrt die Bande ins Leere, während sie aus hohen Gläsern an ihren weißen Drinks nippt. Die machen »Bock« auf ihre liebste Freizeitbeschäftigung – »ein wenig Ultrabrutale«.

Moloko
Plus

MULLED WINE (GLÜHWEIN)

Die fabelhafte Welt der Amélie • 2001
Amélie Poulain / Audrey Tautou

750 ml Rotwein
50 ml Schlehenlikör (mit Gin)
2 Zimtstangen
12 Gewürznelken
1 Prise frisch geriebene Muskatnuss
1 großes Stück Orangenschale
1 großes Stück Zitronenschale
75 ml Honig

Alle Zutaten in einem Kochtopf maximal 10 Minuten langsam erhitzen (nicht kochen!). In hitzebeständige Gläser abseihen.

Weihnachtsmärkte und Partys wie Halloween haben stark dazu beigetragen, dass sich dieses Getränk in der kalten Jahreszeit großer Beliebtheit erfreut. Schon die Römer genossen heißen, mit Gewürzen aromatisierten Wein. Fast jede europäische Nation hat ihre eigene Variante entwickelt. In Frankreich ist es der *Vin chaud*, eine bodenständige Mischung von Wein mit Gewürzen und Zitrusfrüchten. In Skandinavien spricht man dem *Glögg* zu, der mit vielen wärmenden Gewürzen und animierenden Spirituosen wie Brandy oder Wodka zubereitet wird.

Schockiert von der Nachricht über Lady Dianas tragischen Unfalltod in Paris löst Amélie ungewollt eine Kettenreaktion aus: Der Verschluss einer Parfümflasche fällt ihr aus der Hand, rollt durchs Badezimmer und löst beim Aufprall an der Wand eine Fliese. Dahinter verbirgt sich ein Hohlraum mit einer vor 40 Jahren versteckten Blechdose, die sich als wahre Zeitkapsel entpuppt. Noch in der gleichen Nacht beschließt Amélie, den früheren Besitzer ausfindig zu machen und ihm seine Erinnerungsstücke zurückzugeben. Der richtige Monsieur Bredoteau lässt sich allerdings nicht so einfach aufspüren. Erst Amélies zurückgezogen lebender Nachbar Monsieur Dufayel, den sie nie zuvor getroffen hat, gibt der niedergeschlagenen Amateurdetektivin den entscheidenden Hinweis – und reicht ihr den größten Tröster von allen: ein dampfendes Glas Glühwein.

Glühwein

NEGRONI

Der römische Frühling der Mrs. Stone • 1962
Karen Stone / Vivien Leigh

38 ml Gin
38 ml Campari
38 ml lieblicher roter Wermut

Alle Zutaten in einem mit Eis gefüllten Old-Fashioned-Glas sanft verrühren. Einen schmalen Streifen Orangenschale abschälen, diesen der Länge nach gefaltet über dem Drink ausdrücken, um die ätherischen Öle freizusetzen. Die Zeste spiralförmig verdrehen und in den Drink legen.

Dieser aparte Klassiker wurde angeblich nach Graf Camillo Negroni benannt, der um 1919 zu den Stammgästen des Florentiner »Caffè Casoni« zählte. Er regte beim Barkeeper Fosco Scarselli eine Modifikation des Americano an, bei der das Sodawasser durch Gin ersetzt wurde, um den Drink stärker zu machen. Als eigenständiger Cocktail trug er bald den Namen desjenigen, der ihn inspiriert hatte, und gilt heute als der italienische Aperitif schlechthin. Mögen muss man ihn halt, und den wenigsten gelingt das auf Anhieb. Irgendwann gewöhnt sich der Gaumen an den bitteren Orangengeschmack, der in einen widerstreitenden Chor von Kräuteraromen eingebettet ist, und verlangt geradezu nach dieser Einstimmung auf den ersten Gang der Mahlzeit.

Die ehemalige Schauspielerin Karen Stone wird auf dem Weg nach Rom unerwartet zur Witwe, als ihr reicher Ehemann im Flugzeug einem schweren Herzanfall erliegt. Sie sucht doppelten Trost: zum einen in Gestalt eines Gigolos namens Paolo, zum anderen im unablässigen Konsum von Negronis, natürlich mit viel Eis, um der römischen Tageshitze zu trotzen. Wer wollte sie dafür tadeln? Mrs. Stone bewahrt jene schwanengleiche Eleganz, die ihre gefeierte Bühnenkarriere ausgezeichnet hat, sogar dann, wenn sie reichlich von diesem raffinierten italienischen Klassiker intus hat.

Negroni

OLD FASHIONED

Crazy, Stupid, Love. • 2011
Jacob Palmer / Ryan Gosling

50 ml Bourbon
2 Dashes Angostura
12 ml Zuckersirup

Alle Zutaten in ein mit Eis gefülltes Old-Fashioned-Glas gießen. Mindestens eine Minute rühren, damit alles abkühlt und verdünnt wird. Wenn das Eis teilweise geschmolzen ist, mit frischem Eis auffüllen. Einen schmalen Streifen Orangenschale abschälen, diesen der Länge nach gefaltet über dem Drink ausdrücken, um die ätherischen Öle freizusetzen. Die Zeste spiralförmig verdrehen und in den Drink legen.

Der Old Fashioned erscheint bereits im ersten Cocktailbuch für ein größeres Publikum, Jerry Thomas' *How to Mix Drinks* von 1862. Darin wird er als »Whisky-Cocktail« bezeichnet. Die Zutaten blieben unverändert, abgesehen davon, dass es damals keine Angabe zur Art des Whiskys gab und dass der Drink in einem Weinglas kredenzt wurde. Heute wird dieser »Vintage-Cocktail« in dickwandigen Tumblern serviert, denen der Drink seinen Namen verliehen hat. Zeitweilig kam der Old Fashioned nicht ohne Orangen, Zitronen und Kirschen aus, die mit dem Stößel zerdrückt wurden, ehe schließlich Sodawasser aufgegossen wurde. Zum Glück hat der Old Fashioned heute zu seiner Ursprungsform zurückgefunden.

Cals Leben liegt in Scherben, seine Ehe ist am Ende. Er ist ein einsamer Mann, der sich obendrein schlecht kleidet. Scheinbar aus dem Nichts taucht Jacob auf. Er ist der charmanteste Mann von ganz Los Angeles. Mithilfe seines subtilen Sex-Appeals kriegt er scheinbar mühelos jeden Tag eine andere Frau rum. Jacob strahlt katzenhafte Coolness und unerschöpfliches Selbstvertrauen aus, wenn er zum Drink greift. Der Old Fashioned wirkt in seiner Hand wie ein Staffelholz, das von einer Generation kultivierter Männer mit urbaner Allüre an die nächste weitergereicht wird.

Old Fashioned

ORANGE WHIP

Blues Brothers • 1980
Burton Mercer / John Candy

100 ml Orangensaft
25 ml weißer Rum
25 ml Wodka
50 ml fettreduzierte Sahne

Alle Zutaten im Mixgerät mischen.
In ein mit Eis gefülltes Collinsglas gießen.
Mit einem altmodischen, gestreiften Trinkhalm servieren.

Dieser Drink war nahezu unbekannt, ehe Sue Dugan, eine Mitarbeiterin der *Blues Brothers*-Kostümcrew, den Regisseur John Landis fragte, ob man im Film nicht den früheren Arbeitgeber ihres Vaters erwähnen könnte, die Orange Whip Corporation, einen Hersteller von Softdrinks. Landis fand die Idee gut und ließ seinen Darsteller John Candy die Szene vollständig improvisieren. Ob es nur um einen Gefallen ging oder doch um Schleichwerbung, ist letztendlich gleichgültig, weil die Firma längst nicht mehr existiert. Nur dieser cremige Cocktail erinnert noch an sie.

Jake und Elwood Blues sind in göttlicher Mission unterwegs: Das Waisenhaus, in dem sie aufgewachsen sind, braucht dringend 5000 Dollar, um es vor der Schließung zu bewahren. Die beiden trommeln ihre alte Band zusammen, wobei Akte mutwilliger Zerstörung und Schuldscheine ihren Weg pflastern. Als sie endlich den Auftritt organisiert haben, der ihre Probleme lösen könnte, erwartet sie Burton Mercer mit einer ganzen Armee von Cops hinter den Kulissen. Während die Brüder sich auf verschlungenen Pfaden zur Bühne vorarbeiten, erntet Cab Calloway Ovationen mit seinem Klassiker »Minnie the Moocher«. Mercer bestellt Orange Whips für sich und seine Leute, genau das Richtige, um sich in Gegenwart versammelter Jazzgrößen zu erfrischen.

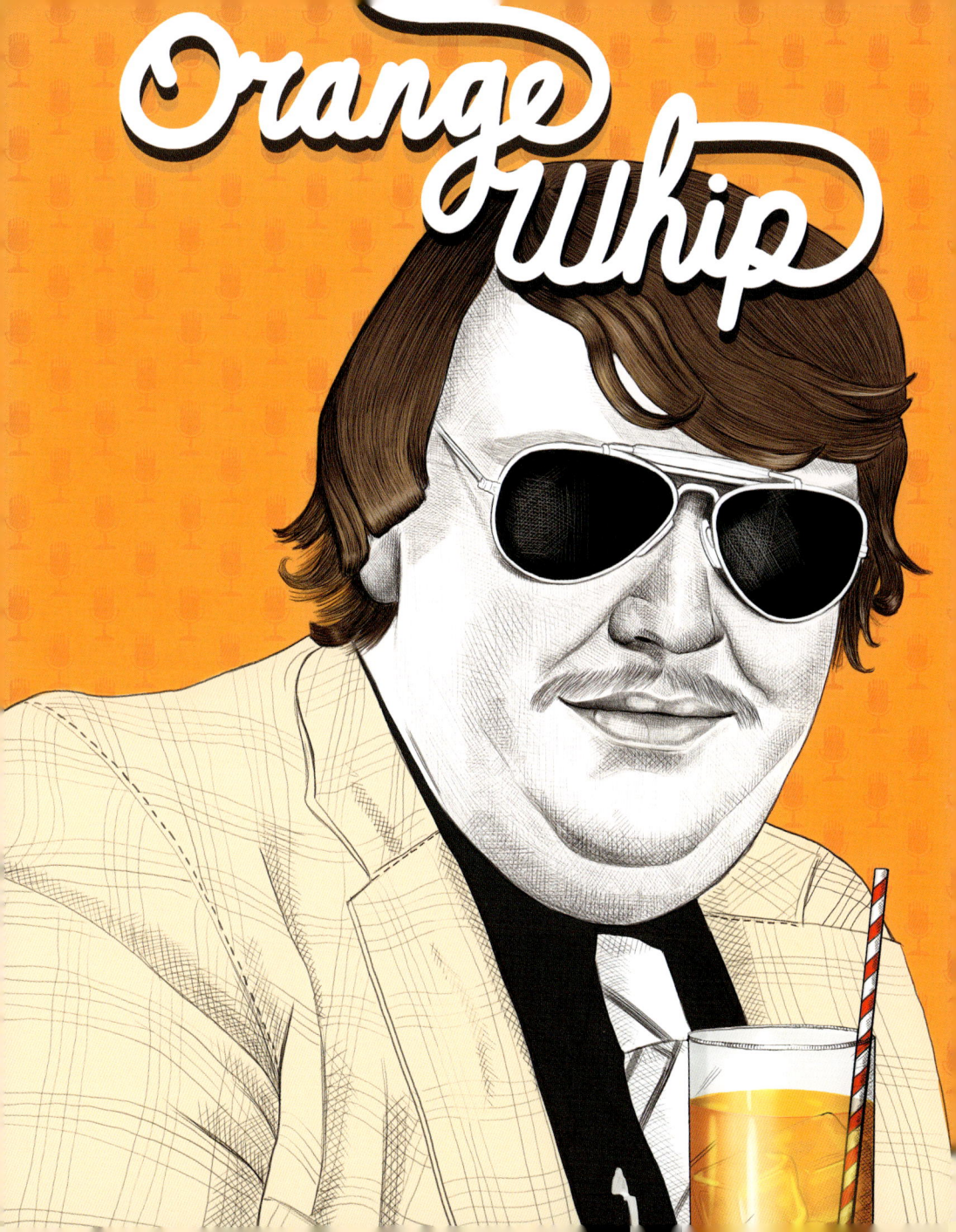
Orange Whip

PANGALAKTISCHER DONNERGURGLER

Per Anhalter durch die Galaxis • 2005
Zaphod Beeblebrox / Sam Rockwell

25 ml Bourbon
25 ml Pfirsichbrand
100 ml Orangensaft
12 ml Blue Curaçao

Alle Zutaten im Shaker auf Eis schütteln. In ein gekühltes Martiniglas abseihen. Mit einer schmalen, über den Glasrand drapierten Zitronenzeste servieren.

Dieses fiktive Gebräu erlebte seine Premiere 1978 in einem Hörspiel von BBC Radio 4, das die Erdbewohner erstmals mit Douglas Adams' unendlicher Geschichte *Per Anhalter durch die Galaxis* bekannt machte. Seither tauchte es in Romanen, Fernsehshows, Videospielen, Comics und 2005 in einem Spielfilm auf. Bars rund um den Planeten haben dazu Rezepte ersonnen, von denen die meisten auf einen unglaublich starken (und untrinkbaren) Cocktail abzielen. Wir entscheiden uns lieber für einen Drink von kosmischer Farbigkeit, dessen Rezept ursprünglich aus einer Themenbar, dem »Zaphod Beeblebrox« im kanadischen Ottawa, stammen soll. Die zuckrige Süße und der Bourbon kontrastieren überraschend gut mit den Pfirsich- und Orangenaromen.

Zaphod Beeblebrox, zeitweiliger Präsident der Galaxis, besitzt ein eigenes Raumschiff, zwei Köpfe und drei Arme. Außerdem ist er der Erfinder des Pangalaktischen Donnergurglers, des besten und stärksten Drinks im ganzen Universum. Zaphod verträgt als einziges Lebewesen drei davon in einer Sitzung. Jedem anderen, der seine Lippen mit dem Gesöff benetzen will, rät er, höchstens zwei davon zu sich zu nehmen. Es fühle sich an, »als ob man mit einem Goldbarren, der in Zitronenscheiben gehüllt ist, das Gehirn aus dem Kopf gedroschen bekommt«.

Pangalaktischer
Donnergurgler

RAMOS FIZZ

The Doors • 1991
Jim Morrison / Val Kilmer

50 ml Gin
12 ml Zitronensaft
12 ml Limettenkonzentrat
19 ml Zuckersirup
3 Dashes Orangenblütenwasser
3 Tropfen Vanilleextrakt
1 Eiweiß
50 ml fettreduzierte Sahne
Sodawasser

Alle Zutaten bis auf das Sodawasser im Shaker ohne Eis eine Minute kräftig schütteln. Eis hinzufügen und schütteln, bis sich am Shaker Reif zeigt. In ein Collinsglas ohne Eis abseihen und mit Sodawasser aufgießen.

Der Ramos Gin Fizz heißt nach seinem Erfinder Henry C. Ramos, der den Drink 1888 in seinem »Imperial Cabinet Saloon« in New Orleans kreierte. Der ursprüngliche Name »New Orleans Fizz« hielt sich vereinzelt bis heute, seitdem sich der Drink in der Stadt des »Big Easy« schnell durchsetzte. Die Zubereitung ist zeitaufwendig. Auf dem Gipfel seines Erfolgs beschäftigte Ramos 33 Barkeeper, die ihre Shaker für das durstige Publikum schwangen. Das Rezept hütete Ramos bis zu seinem Tod während der Prohibition. Als Hommage veröffentlichte es sein Bruder Charles danach in Form eines ganzseitigen Inserats im Lokalblatt.

Jim beschimpft die Polizisten in der New Haven Arena von der Bühne herab, nachdem er eine Dosis Pfefferspray in die Augen bekommen hat. Beim anschließenden Krawall wird er mit harter Hand von der Bühne gezerrt und verhaftet. Zu Hause in West Hollywood tröstet sich Jim in einer nahe gelegenen Absturzkneipe, dem »Barney's Beanery«, wo er den Gaumen zuerst mit Dos-Equis-Bier spült, ehe er zum Ramos Gin Fizz übergeht, den er schwungvoll hinunterstürzt, ehe er die Hose aufknöpft und sich an der Bar erleichtert. Solche Trinkgewohnheiten eignen sich nur für Leute, die keine Stammbar haben.

Ramos Fizz

ROB ROY

Angels Over Broadway • 1940
Nina Barona / Rita Hayworth

38 ml schottischer Whisky
19 ml lieblicher Wermut
1 Dash Orangenbitter

Alle Zutaten in einem mit Eis gefüllten Mixglas verrühren. In ein gekühltes Martiniglas abseihen.

Der Rob Roy entspricht einem Manhattan, aber mit Scotch als Basisalkohol. Angeblich wurde der Drink im New Yorker »Waldorf Astoria« zur Premiere der gleichnamigen Operette kreiert, die im Oktober 1894 im Herald Square Theatre stattfand. Ältere Rezepte verwenden Wermut und Whisky zu gleichen Teilen, seit etwa 1950 wurde der Wermutanteil um die Hälfte reduziert. Üblicherweise wählt man heute Angostura als Bitter, allerdings empfiehlt *The Old Waldorf Astoria Bar Book* von 1935 Orangenbitter. Weil es zum ausgewählten Spielfilm und zu den zeitgenössischen Gepflogenheiten passt, folgen wir dieser Empfehlung gerne.

Bill, ein New Yorker Gauner, hat sich den reichen Geschäftsmann Charles Engel als nächstes Opfer ausgesucht und möchte ihn am Kartentisch um seinen ganzen Besitz erleichtern. Damit Engel sich leichter einwickeln lässt, setzt Bill auf weiblichen Charme und weiht die reizende Nina in seinen hinterhältigen Plan ein. Beide nippen an einem Rob Roy, während sie die Details besprechen. Was sie nicht ahnen: der gute alte Mr. Engel hat Unterschlagungen begangen und schuldet anderen horrende Summen. Die anberaumte Pokerpartie könnte die letzte Rettung für den labilen Selbstmordkandidaten sein.

Rob Roy

RUM COLLINS

Feuerball • 1965
James Bond / Sean Connery

50 ml weißer Rum
12 ml Limettenkonzentrat
12 ml Zuckersirup
2 Dashes Angostura
Sodawasser

Alle Zutaten bis auf das Sodawasser in einem mit Eis gefüllten Collinsglas verrühren. Mit Sodawasser auffüllen und sanft verrühren. Mit einem Limettenschnitz und Trinkhalm servieren.

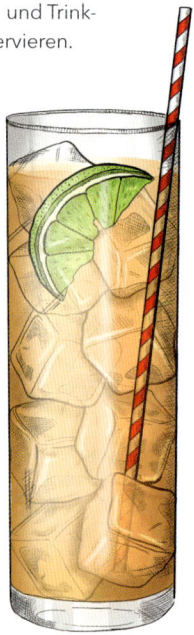

Der Collins hat sich vom simplen Gin-Longdrink Tom Collins zu einer ganzen Drinkfamilie gemausert, in der die launigen Vornamen jeweils auf den Basisalkohol anspielen. Bekannt sind unter anderem John Collins (Bourbon), Comrade [Genosse] Collins (Wodka), José Collins (Tequila), Pierre Collins (Brandy), Mike Collins (irischer Whiskey) und Pedro Collins (weißer Rum). Letzterer entspricht dem hier vorgestellten Rezept.

James Bond hat seinen Tauchgang unter der Yacht des Superschurken Largo mit knapper Not überlebt. Dass die entführten Atombomben nicht an Bord der *Disco Volante* sind, weiß Bond jetzt. Aber er will seinem Gegenspieler persönlich gegenübertreten. Einer Einladung auf Largos Landsitz, der als karibische Zentrale der Geheimorganisation »Phantom« fungiert, kommt Bond daher gerne nach. Hier bekommt er nicht nur einen Rum Collins serviert, der Geheimagent erhält auch eine geführte Tour durch das Anwesen. Dabei sticht vor allem das Bassin mit Goldgrottenhaien ins Auge. Noch weiß 007 nicht, dass er bei seinem Einbruch in der folgenden Nacht dieses Haifischbecken näher kennenlernen wird, als ihm lieb ist. Nur seine Spezialausrüstung kann ihn dann retten.

Rum Collins

SANGRIA

Natürlich blond 2 • 2003
Elle Woods / Reese Witherspoon

75 ml Rotwein
12 ml Brandy
25 ml Orangensaft
12 ml Zitronensaft
12 ml Zuckersirup
Sodawasser

Die Zutaten bis auf das Sodawasser in ein mit Eis gefülltes Hurricaneglas gießen. Mit Zitronen- und Orangenscheiben sowie Sodawasser auffüllen und sanft verrühren. Mit frisch geriebener Muskatnuss bestäuben und mit aufgespießter Kirsche und Orangenschnitz sowie Schirmchen servieren.

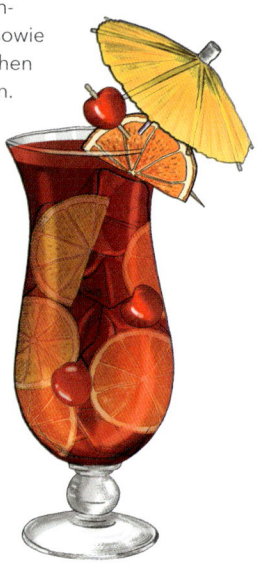

Die Sangría in ihrer heutigen Zubereitungsweise ist seit dem frühen 18. Jahrhundert bekannt. Möglicherweise reicht die Tradition noch viel weiter zurück, vielleicht sogar bis zu den Anfängen der Weinkultur. Die Idee dazu entstand wohl beim Versuch, minderwertigem Rebensaft zu mehr Aroma zu verhelfen oder ihm eine erfrischende Note zu geben. Der Name leitet sich vom spanischen Wort *sangre* für »Blut« ab, eine naheliegende Bezeichnung angesichts der intensiven Purpurtöne der Flüssigkeit, die sich zeigen, wenn das Getränk als Longdrink mit Eis serviert wird.

Eine Kampagne gegen Tierversuche führt die gerade von ihrer Kanzlei gefeuerte Jung-Anwältin Elle Woods in die US-Hauptstadt Washington. Dort will sie dem Kongress eine entsprechende Gesetzesinitiative (»Brutus-Vorlage«) unterbreiten. Diese muss jedoch im Hohen Haus zuerst die Hürde einer Anhörung nehmen. Eine ganz und gar in Pink ausstaffierte Juristin wie Elle sieht man im politischen Machtzentrum des Landes nicht alle Tage, ebenso wie den farblich abgestimmt angezogenen Chihuahua, den sie mit sich herumträgt. Elle plant bereits die Party, mit der sie die Vorlage des Gesetzentwurfs feiern will, und bei der die Sangría in Strömen fließen soll. Sogar dem Komitee, das die Anhörung durchführt, schwärmt sie vor, wie toll sie schmeckt.

Sangria

SAZERAC

Leben und sterben lassen • 1973
James Bond / Roger Moore

25 ml Absinth
50 ml Rye Whiskey
12 ml Zuckersirup
2 Dashes Peychaud's Bitters

Ein gekühltes Old-Fashioned-Glas mit Absinth ausschwenken, mit zerstoßenem Eis füllen und in den Kühlschrank stellen. Die übrigen Zutaten in einem mit Eis gefüllten Mixglas verrühren. Das Old-Fashioned-Glas aus dem Kühlschrank nehmen, das Eis wegschütten und den Inhalt des Mixglases abseihen. Ein Stück Zitronenschale über dem Glas zum Twist verdrehen und in den Drink legen.

Der Sazerac wird häufig in einem Atemzug mit New Orleans genannt. Namensgeber war eine Cognacmarke, Sazerac de Forge & Fils, die Aaron Bird ab etwa 1850 in die Stadt importierte. Bird eröffnete das »Sazerac Coffee House« und kombinierte die Spirituose mit dem am Ort hergestellten Peychaud's Bitters. Nach 1870 verheerte die aus Amerika eingeschleppte Reblaus europäische Weinberge. Das brachte wiederum den Cognac-Nachschub von der anderen Seite des Atlantiks zum Erliegen, weswegen man auf Rye Whiskey umstieg, der seither der bevorzugte Basisalkohol für diesen Drink ist. 2008 wurde der Sazerac zum offiziellen Drink von New Orleans ausgerufen.

James Bond soll in New Orleans den Mörder mehrerer MI6-Agenten aufspüren. Gemeinsam mit dem CIA-Kollegen Felix Leiter ist er dem karibischen Diplomaten Dr. Kananga auf den Fersen. Die Suche nach Informationen führt die Agenten in das Bistro »Fillet of Soul«, wo sie natürlich den Lokalfavoriten Sazerac bestellen. Leiter lässt seinen Partner nur für einen Augenblick allein zurück. Der Tisch, an dem Bond auf die Drinks wartet, versinkt plötzlich im Boden. Bald steht 007 dem Gangster Mr. Big (und überraschenderweise auch dessen Alter Ego Kananga) gegenüber.

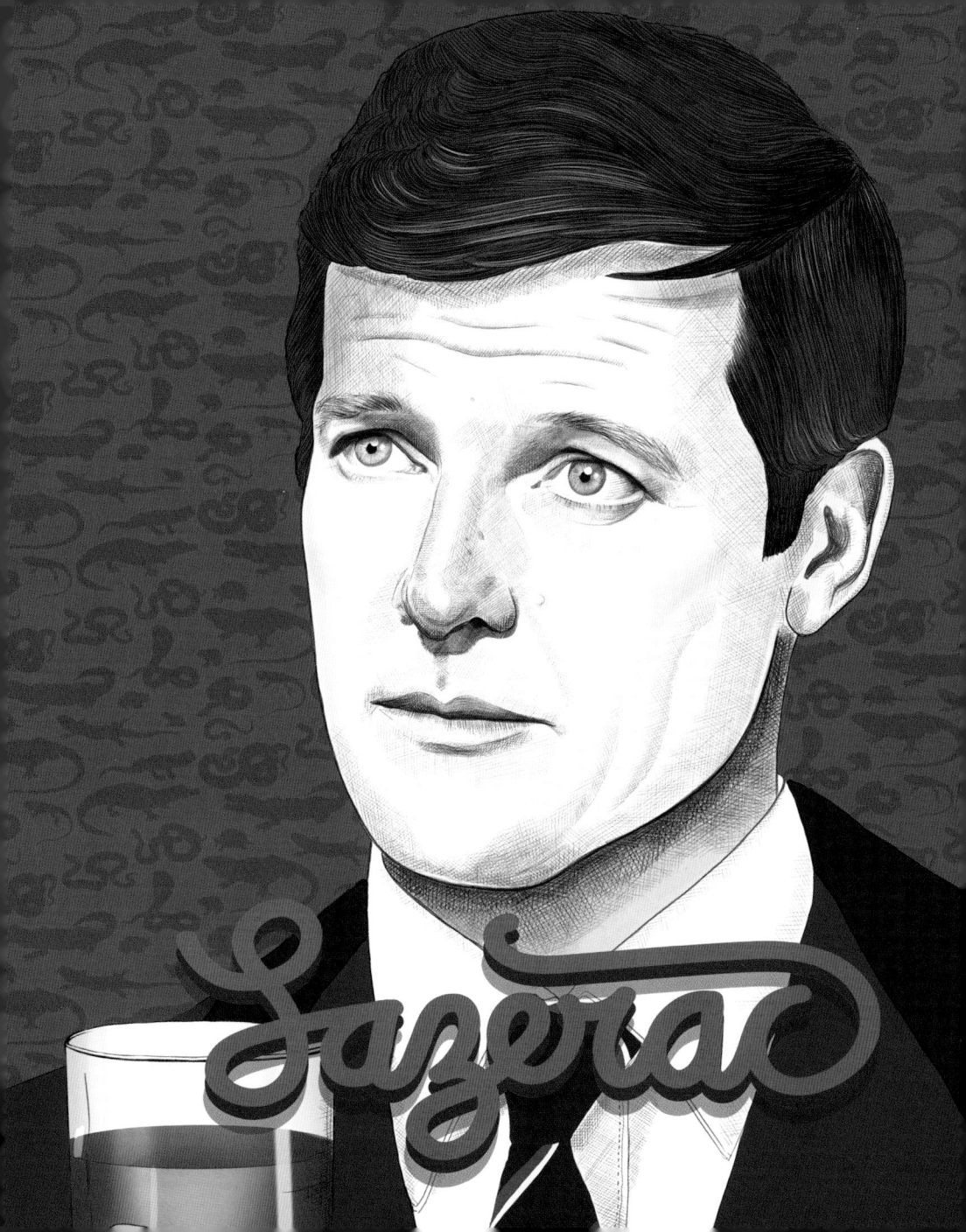
Lazerra

SCOTCH MIST

Tote schlafen fest • 1946
Vivian Rutledge / Lauren Bacall

50 ml schottischer Whisky
zerstoßenes Eis
1 Stück Zitronenschale

Ein Old-Fashioned-Glas bis zum Rand mit zerstoßenem Eis füllen. Den Whisky darüber gießen. Ein Stück Zitronenschale über dem Glas zum Twist verdrehen und in den Drink legen.

Dieser minimalistische Drink ist wie ein Slush, aber für Erwachsene. Der Whisky wird eiskalt genippt und vom fein zerstoßenen, langsam schmelzenden Eis verdünnt. Nur der Zitronentwist sorgt für zusätzliches Aroma, das den Alkohol subtil ergänzt und die Fülle des Whiskygeschmacks abrundet. Hier kommt es auf die Wahl des richtigen Whiskys an, so wie beim Old Fashioned und ähnlich simpel aufgebauten Drinks. Eine minderwertige Spirituose verrät sich hier sofort, weil sie sich nicht hinter anderen Aromen verstecken kann.

Philip Marlowe, ein Privatdetektiv aus Los Angeles, soll auf die Tochter eines reichen Generals aufpassen. Carmen und ihr Vater werden erpresst. Während sich das Netz aus Lügen, Erpressung und Mord laufend verdichtet und die Situation immer verwickelter wird, fällt es Marlowe schwer, sich auf seine Aufgabe zu konzentrieren. Die andere Tochter des Generals, Vivian, ist eine verführerische Schönheit. Marlowe dämmert beim Nippen an seinem Scotch Mist allmählich, dass er sich in sie verliebt hat.

Scotch Mist

SCREWDRIVER

Jackie Brown • 1997
Ordell Robbie / Samuel L. Jackson

50 ml Wodka
Orangensaft

Den Wodka in ein mit Eis gefülltes Old-Fashioned-Glas gießen. Mit Orangensaft auffüllen und sanft verrühren.

Ein rudimentärer Highball, der sich beliebig variieren lässt. Die Entstehung des Screwdriver wird einer Marketing-Offensive von Smirnoff in den 1930er-Jahren zugeschrieben. Andere Entstehungsmythen spielen nach 1950 und ranken sich meist um amerikanische Piloten, Ölbohrplattformen und G.I.s an exotischen Einsatzorten, die ihren mit Wodka aufgebesserten Saft angeblich mit Schraubenziehern umrührten. Zu den bekannteren Varianten zählen der Sloe Screw (mit Schlehenlikör), der Comfortable Screw (mit Southern Comfort), der Royal Screw (mit Chambord), der Double Screw (mit Triple Sec) und der Harvey Wallbanger (mit Wodka und Galliano-Likör).

Der Waffenschieber Ordell Robbie hängt an einem heißen kalifornischen Nachmittag mit seinem Kumpel Louis in Hermosa Beach ab. Auf dem Sofa ziehen sie sich *Chicks Who Love Guns* rein, eine bizarre, aber für die Fans modernster Sturmgewehre und Selbstladepistolen höchst unterhaltsame TV-Sendung. Die beiden schmachten die Frauen an, während diese auf dem Bildschirm ihre zerstörerischen Anwandlungen ausleben, und halten ihre Drinks immer schön kühl, was vor allem bei Ordells unentbehrlichem Screwdriver wichtig ist.

KANGOL
Screwdriver

SEA BREEZE

French Kiss • 1995
Kate / Meg Ryan

50 ml Wodka
150 ml Cranberrynektar
38 ml Grapefruitsaft

Alle Zutaten in ein mit Eis gefülltes Highballglas gießen und sanft verrühren. Mit Trinkhalm und einem auf den Glasrand gesteckten Limettenschnitz servieren.

Der nach 1920 in Amerika eingebürgerte Sea Breeze hat im Lauf der Zeit eine enorme Wandlung vollzogen. Das *Café Royal Cocktail Book* von William J. Tarling, das die United Kingdom Bartenders Guild 1937 herausbrachte, schrieb noch Gin, Apricot Brandy, Grenadine und Zitronensaft als Bestandteile vor. Dieses Mixgetränk scheint sich nicht recht durchgesetzt zu haben. Die Vermarktung von Cranberrynektar nach 1950 brachte den Cape Codder hervor, eine Variante, die das Originalrezept verdrängte und sich seither auch den Namen des ursprünglichen Sea Breeze angeeignet hat.

Kate hat den weiten Weg von Kanada nach Frankreich angetreten, um ihren Verlobten Charlie zurückzuerobern. Dieser hat nämlich die bevorstehende Hochzeit abgeblasen, weil er einer französischen Schönheit verfallen ist. Als Kate ihren fahnenflüchtigen Bräutigam endlich am Strand von Cannes aufgespürt hat, macht sie auf cool und bestellt einen eisigen Longdrink – den Sea Breeze. Sie präsentiert dem Ex den gallischen Charmeur Luc, einen Betrüger, dessen einzige Aufgabe es ist, Charlie eifersüchtig zu machen. Irgendwann glaubt Kate allerdings selbst daran, dass sie die gescheiterte Beziehung überwunden und eine neue Liebe gefunden hat.

Sea Breeze

SEX ON THE BEACH

Hysterical Blindness • 2002
Beth / Juliette Lewis

50 ml Wodka
12 ml Pfirsichlikör
38 ml Orangensaft
38 ml Cranberry-Fruchtsaftgetränk

Alle Zutaten in ein mit Eis gefülltes Highballglas gießen. Verrühren oder in Schichten belassen (wegen der reizvollen Farbübergänge). Mit einem Orangenschnitz und langen Trinkhalmen servieren.

Angeblich entstand der Drink 1987 in Florida, weil ein Spirituosenvertrieb eine Prämie von 1000 Dollar für diejenige Bar ausgelobt hatte, die den höchsten Umsatz mit einem brandneuen Pfirsichlikör vorweisen konnte. Auch dem Barkeeper winkten 100 Dollar. Ted Pizio vom »Confetti's« in Fort Lauderdale nahm die Herausforderung an. Für den Namen seiner Kreation ließ er sich davon inspirieren, was Touristen vor allem während des berüchtigten »Spring Break« anzieht. Viele Gäste bestellten den neuartigen Drink nach Ferienende auch zu Hause. Weil die dortigen Barkeeper hinsichtlich des Rezepts im Dunkeln tappten, entstanden zahlreiche neue Variationen.

Debby und Beth wollen Liebe. Aus unerfindlichen Gründen hoffen beide, sie in der Absturzkneipe »Ollie's« zu finden. Während sich das Duo in der Damentoilette aufhübscht, wird die Getränkefolge für den Abend festgelegt: zuerst kurze Tequilas mit Salz, danach Bier. Voll Selbstvertrauen lassen sie sich an der Bartheke nieder und warten darauf, dass ein Mann sie anspricht, auf den beide ein Auge geworfen haben. Bobby scheint sich jedoch mehr für Beth zu interessieren, die aufgeregt einen Sex on the Beach bestellt. Debby fragt sich, warum Beth den verabredeten Trinkerpakt bricht, und hält das Ganze nur für einen Flirt. Schließlich ist Flirten unvermeidlich, wenn man diesen Drink ordert.

Sex on the Beach

SIDECAR

Fegefeuer der Eitelkeiten • 1990
Arthur Ruskin / Alan King

38 ml Cognac
19 ml Orangenlikör
19 ml Zitronensaft

Alle Zutaten im Shaker auf Eis schütteln. In eine gekühlte Champagnerschale abseihen. Eine Zitruszeste ins Glas legen.

Die Zutaten dieses Cocktails deuten auf einen französischen Ursprung hin, seine Berühmtheit verdankt er aber Pat MacGarry, einem bekannten Barkeeper im »Buck's Club« in London, der ihn um 1910 bekannt machte. Wenn die Zutaten zu gleichen Teilen abgemessen werden, gilt dies als »französischer Stil«, was dem Originalrezept wohl am nächsten kommt. Der spätere »englische Stil« mit einer dominanten Cognacnote wird heute in den meisten Bars bevorzugt. Unabhängig davon, wie der Sidecar zubereitet wird, finden ihn manche Gäste mit Limettenkonzentrat zu sauer. Deshalb servieren ihn einige Bars in einem Glas, dessen befeuchteter Rand zuvor in Zucker getaucht wurde, oder reduzieren den Anteil der Limette.

Peter Fallow arbeitet als Reporter für ein Boulevardblatt. Seinen Recherchen zufolge ist Sherman McCoy, ein reicher Börsenmakler, in einen Unfall mit Fahrerflucht verwickelt. Dabei wurde ein Teenager aus der Bronx so schwer verletzt, dass er im Koma liegt. Fallows sensationell aufgemachte Berichte heizen die Stimmung auf und sind auch karrierefördernd. Er verabredet sich auf einen Drink mit Arthur, dem Ehemann der Geliebten McCoys. Tatsächlich war sie es, die in der schicksalhaften Nacht das Auto steuerte. Gelingt es Fallow, dem gehörnten Gatten der Luxusdame etwas zu entlocken? Sidecars heben die Stimmung des alten Knaben, der angeregt plaudert … bis er plötzlich tot zusammenbricht, zum Entsetzen der vornehmen Gäste, die an den benachbarten Tischen dinieren.

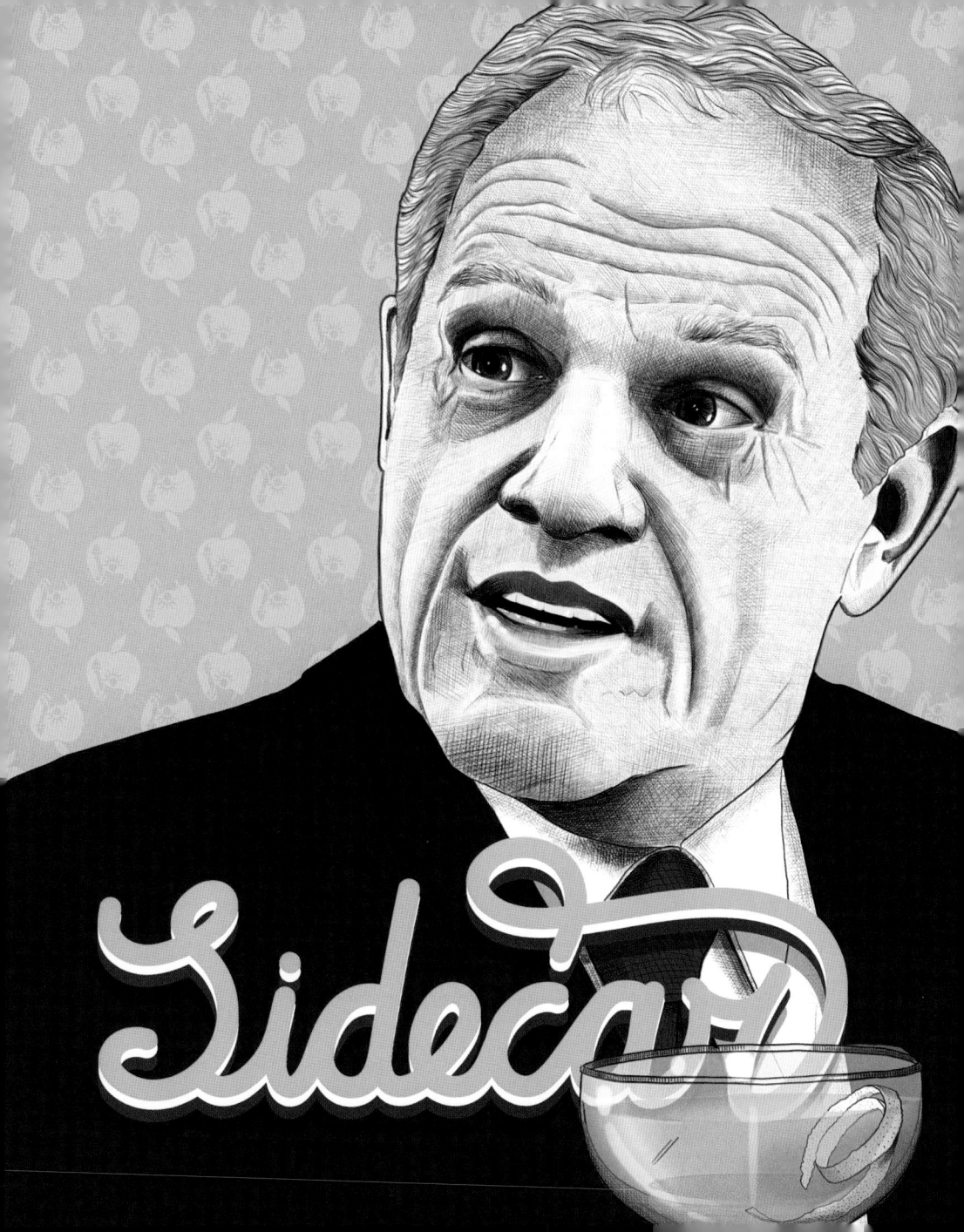
Sidecar

SINGAPORE SLING

Fear and Loathing in Las Vegas • 1998
Raoul Duke / Johnny Depp

38 ml Gin
12 ml Kirschlikör
6 ml Cointreau
6 ml D.O.M. Bénédictine
8 ml Grenadine
75 ml Ananassaft
25 ml frisch gepresster Zitronensaft
1 Dash Angostura

Alle Zutaten im Shaker auf Eis schütteln und in ein mit Eis gefülltes Slingglas abseihen. Mit einem Ananasstück und einer Cocktailkirsche am Spieß servieren.

Dieser Sling wurde 1915 in der Long Bar des »Raffles«-Hotels in Singapur kreiert. Er stellte die zeitgemäße Antwort auf die amerikanischen Gin Slings dar, die bis ins 18. Jahrhundert zurückreichen und als »aromatisierte, gesüßte und gekühlt servierte Drinks mit Gin« beschrieben wurden. In seiner gelungenen Neuinterpretation fing Barkeeper Ngiam Tong Boon die ganze Kolonialatmosphäre in einem wahren Monsunregen an Aromen ein: Gin und Grenadine aus England oder den Niederlanden, Heering Cherry aus Dänemark, Cointreau und Bénédictine aus Frankreich, Angostura aus Deutschland und tropische Früchte.

Im Innenhof der Polo Lounge des »Beverly Hills« beginnt die irre Odyssee von Raoul Duke und seinem Anwalt Dr. Gonzo durch die Wüste. Nachdem beide einen ganzen Tisch voll Singapore Slings mit reichlich Mezcal dazu konsumiert haben, nimmt Raoul einen Anruf am leuchtend pinkfarbenen Bartelefon entgegen. Es ist die Anweisung, nach Las Vegas aufzubrechen, von wo die beiden über das Mint-400-Motorradrennen berichten sollen. Klingt wie ein einfacher Job, aber Alkohol und Drogen machen die Reise zu einem echten Trip – in jeder Hinsicht.

Singapore Sling

STINGER

Freundinnen • 1988
CC Bloom / Bette Midler

50 ml Cognac
19 ml Crème de Menthe Blanche

Die Zutaten in einem mit Eis gefüllten Mixglas 30 Sekunden verrühren. In ein gekühltes California-Cocktailglas abseihen.

Der Stinger hat in jüngster Zeit sehr an Boden verloren. Um die Mitte des 20. Jahrhunderts wurde er als Absacker häufig in Spielfilmen und Songs erwähnt. Er gilt auch als Katermittel, und tatsächlich bekommt dieses Getränk durch die feurige Schärfe des Brandy und die reinigende Kühle der Minze etwas von einer Medizin. Mit der Zeit wurde der Anteil der Crème de Menthe abgeschwächt, um dem Stinger ein wenig von seinem Charakter als Mundspülung zu nehmen. Seit seinem ersten Auftauchen um 1910 sind viele Variationen entstanden. Grüne Crème de Menthe macht aus dem Drink einen Grasshopper, mit Wodka anstelle von Cognac mutiert er zum Wodka-Stinger.

Vor nahezu leeren Tischen singt sich CC Nacht für Nacht im Club das Herz aus dem Leib. Ihr grenzenloser Optimismus wirkt ansteckend auf die wenigen Besucher, deren Enthusiasmus wiederum CC anspornt. Mit ihrem Lieblingsdrink, dem Stinger, entspannt sie sich gerade an der Bar, als eine hochgewachsene Brünette den Club betritt und freundlich lächelnd direkt auf sie zugeht. Die Fremde sagt, sie habe so lange von diesem Moment geträumt. Ist sie eine Bewunderin? Eine Stalkerin? Es ist Hilary, ihre Freundin aus Kindertagen. Die Begegnung verheißt eine Welt voll Abenteuer, die nur auf die beiden warten.

Stinger

STOLI MARTINI MIT ZITRONENSCHALE

Blue Jasmine • 2013
Jasmine French / Cate Blanchett

50 ml Wodka
12 ml trockener Wermut
1 Stück Zitronenschale

Die Zutaten in einem mit Eis gefüllten Mixglas 30 Sekunden verrühren. In ein gekühltes Martiniglas abseihen. Den Streifen der Schale einer unbehandelten Zitrone der Länge nach gefaltet über dem Drink ausdrücken, um ätherische Öle freizusetzen. Den Glasrand mit der Zeste einreiben, diese spiralförmig verdrehen und in den Drink legen.

Beim Wodka-Martini sorgt die Ersetzung des traditionellen Basisalkohols Gin durch Wodka für den zusätzlichen Kick. Zuerst erscheint diese Variante in Ted Sauciers Buch *Bottoms Up* von 1951. Sie gehört zu James Bonds Lieblingsdrinks, unterscheidet sich aber vom Vesper-Martini, den Ian Fleming für den Roman *Casino Royale* erdacht hatte und der einen speziellen Mix aus Gin, Wodka und Aperitif-Wein darstellt. Weil der Wodka hier die Schlüsselrolle spielt, sollte man bei der Qualität dieser Zutat keine Abstriche machen – davon abgesehen sind Experimente aber durchaus erlaubt. Jasmine bevorzugt Stolichnaya und bestellt sich deshalb mit Kennermiene einen »Stoli«.

Jasmine drängt es, jemandem ihr Herz auszuschütten, und da kommt ihr die Sitznachbarin im Flugzeug gerade recht. Unentwegt plappert Jasmine über ihren Ehemann und darüber, welch schönes Dasein ihr einmal beschieden war. Exotische Reiseziele, ein erfülltes Liebesleben. Jetzt wird sie von Neurosen und Ängsten geplagt, die sie nicht mehr in den Griff bekommt. Ihre Ärzte beschränken sich darauf, sie mit Medikamenten vollzupumpen. Die einen nennen das einen Cocktail, aber für Jasmine gibt es nur eines, was diesen Namen wirklich verdient: den Stoli Martini.

Stoli Martini
mit
Zitronenschale

SWEET VERMOUTH AUF EIS MIT ZITRONENSCHALE

Und täglich grüßt das Murmeltier • 1993
Phil Connors / Bill Murray

50 ml lieblicher Wermut
1 Stück Zitronenschale

Den Wermut in ein mit Eis gefülltes Rocksglas gießen. Einen Streifen Schale von einer unbehandelten Zitrone abschneiden, diesen der Länge nach gefaltet über dem Drink ausdrücken, um die ätherischen Öle freizusetzen. Die Zeste spiralförmig verdrehen und in den Drink legen. Mit einem kurzen Trinkhalm servieren.

Der heute bekannte liebliche Wermut entstand im 18. Jahrhundert im savoyischen Turin. Marken wie Cinzano haben den Aperitif danach auf dem ganzen Kontinent verbreitet und schick gemacht. Der Name »Wermut« verweist auf eine Jahrhunderte zurückreichende Tradition von aromatisierten und aufgespriteten Weinen mit diesem Heilkraut. Ob lieblich oder trocken, Wermut enthält Wein, mehr oder weniger Zucker, zugesetzten Alkohol und verschiedene pflanzliche Bestandteile: Wurzeln, Baumrinde, Blüten, Samen, Kräuter und Gewürze. Die Hersteller halten ihre Rezepte geheim, und wir können über das vielschichtige Aroma ihrer Produkte nur staunen.

Der arrogante TV-Wetteransager Phil wird als Berichterstatter nach Punxsutawney in Pennsylvania geschickt, wo man jährlich den »Tag des Murmeltiers« als Winterritual begeht. Der Ort wird eingeschneit und der Zyniker Phil gerät unerklärlicherweise in eine Zeitschleife, die ihn immer wieder denselben Tag erleben lässt. Er findet bald heraus, wie er seinen Nutzen aus diesem ewig währenden Tag ziehen kann. Um das Vertrauen seiner Produzentin Rita zu gewinnen und ihr näher zu kommen, bestellt er an der Bar jedes Mal wieder ihr Stammgetränk und prostet ihr mit ihrem gewohnten Trinkspruch zu, der den Weltfrieden beschwört. Wer könnte da widerstehen?

Sweet Vermouth
auf Eis mit
Zitronenschale

TEQUILA SUNRISE

Tequila Sunrise • 1988
Dale »Mac« McKussic / Mel Gibson

50 ml Tequila
Orangensaft
17 ml Grenadine

Tequila in ein mit Eis gefülltes Highballglas gießen, mit Orangensaft auffüllen und sanft verrühren. Grenadine auf den Drink träufeln, wobei ein Farbeffekt entsteht, weil der Sirup zum Glasboden absinkt. Mit einem Orangenschnitz und Cocktailkirsche am Spieß servieren.

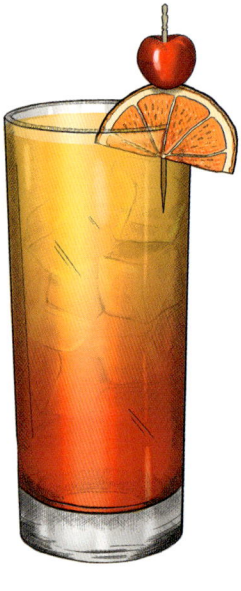

Das »Arizona Biltmore Hotel« in Phoenix gilt als Heimat dieses Klassikers. Um 1940 bestellte angeblich ein Stammgast bei Barkeeper Gene Sulit ein Getränk, das so erfrischend wie überraschend sein sollte. Sulit kreierte daraufhin etwas mit Crème de Cassis. Das moderne Rezept mit Grenadine haben nach 1970 Bobby Lazoff und Billy Rice im »Trident« im kalifornischen Sausalito erdacht. Keith Richards beschreibt in seiner Autobiografie, wie Mick Jagger den Drink dort 1972 während einer Tournee der Rolling Stones für sich entdeckte. Der Sänger steckte mit seiner Begeisterung die ganze Tourneecrew an, weswegen die Konzertreise gruppenintern als »Kokain- und Tequila-Sunrise-Tour« in die Annalen einging.

Ist es ratsam, als erfolgreicher Drogendealer plötzlich rechtschaffen werden zu wollen? Jeder misstraut dir, selbst deine Freunde. »Mac« McKussic will eigentlich ganz entspannt in einem Restaurant zu Abend essen, als sein Kumpel Nick – gerade zum Leutnant der Polizei von Los Angeles befördert – dienstlich wird und unangenehme Fragen stellt, Freundschaft hin oder her. Mac beteuert seine Unschuld, ist aber mit seinen Gedanken woanders. Die Restaurantbesitzerin, eine attraktive Blondine, die ihn mit Tequila Sunrises versorgt, gefällt ihm ausnehmend gut.

Tequila
Sunrise

TOM COLLINS

Meine Braut, ihr Vater und ich • 2000
Jack Byrnes / Robert De Niro

50 ml London Gin
25 ml frisch gepresster Zitronensaft
12 ml Zuckersirup
Sodawasser

Die Zutaten bis auf das Sodawasser in einem mit Eis gefüllten Collinsglas verrühren. Mit Sodawasser auffüllen. Mit einem Zitronenschnitz und einer Cocktailkirsche servieren.

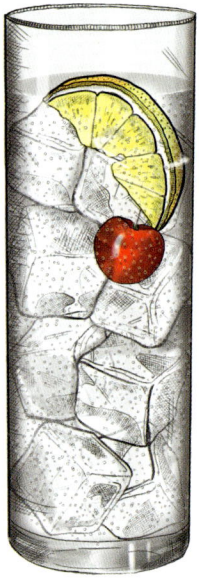

Der Tom Collins gehört zu den ältesten Cocktails. Er entstand in den turbulenten Jahren um 1800, obwohl umstritten ist, auf welcher Seite des Atlantiks. Zugeschrieben wird die Erfindung einem Barkeeper namens John Collins im »Limmers Old House« im Londoner Stadtteil Mayfair. Im Jahr 1874 war es wiederum in New York und anderswo ein beliebter Schabernack, Menschen auf der Straße zu fragen, ob sie einen gewissen Tom Collins gesehen hätten. Der erzähle nämlich in einer Bar um die Ecke dreiste Lügen über sie. So oder so verkörpert dieses simple Getränk das Mixen in Reinkultur: Aus drei zentralen Grundelementen – Spirituose, Säure und Süße – entsteht mit Sodawasser ein erfrischender Longdrink.

Jack Byrnes ist der misstrauischste Vater überhaupt. Als seine Tochter und ihr Freund im trauten Heim der Familie erscheinen, damit Greg um Pams Hand anhalten kann, begrüßt Jack sie mit seinem Lieblingsdrink, dem Tom Collins. Greg erklärt, dass er sozusagen eine Krankenschwester ist, also Pfleger. Die Entscheidung seines Schwiegersohns in spe für diese Laufbahn leuchtet Jack nicht recht ein. Er hat aber keine Probleme damit, seine überaus traditionellen Wertvorstellungen mit einer Vorliebe für hochmoderne Überwachungsanlagen zu vereinbaren. Mit einem Hinweis auf versteckte Kameras macht er Greg klar, dass er ihn im Auge behalten wird.

Tom Collins

TROPICAL ITCH

The Wrong Missy • 2020
Missy / Lauren Lapkus

25 ml Bourbon
25 ml 151-Proof-Rum
12 ml Orange Curaçao
125 ml Passionsfruchtsaft
25 ml schwarzer Rum
1 Dash Angostura

Die ersten vier Zutaten im Shaker auf Eis schütteln. In ein mit Eis gefülltes Hurricaneglas abseihen. Den schwarzen Rum darüber träufeln und einen Dash Bitter dazugeben. Mit einer Ananasspalte und – falls vorhanden – einem Rückenkratzer aus Bambus garnieren.

Harry Yee hat neben »Trader Vic's«, »Don the Beachcomber« und anderen entscheidend zur Verbreitung des Tiki-Cocktail-Stils um die Mitte des 20. Jahrhunderts beigetragen. Als Chef-Barkeeper im »Hilton Hawaiian Village« in Waikiki hat er über mehr als dreißig Jahre hinweg klassische Tikidrinks wie den Blue Hawaii, den Hawaiian Eye und den Tropical Itch kreiert. Von diesem Cocktail gibt es viele Varianten, manche davon mit Ananassaft zur Abrundung des Passionsfruchtaromas, während manche Barkeeper Orgeat-Mandelsirup für die besondere tropische Note verwenden. Einigkeit besteht auf jeden Fall über die ungewöhnliche Dekoration: Anstelle von Cocktailrührer oder bunten Schirmchen erwartet die Gäste ein Rückenkratzer aus Bambus, um dem tropischen Juckreiz abzuhelfen.

Der Wochenendausflug nach Hawaii, den die Firma für die Belegschaft organisiert, lässt sich für Tim vielversprechend an. Kurz zuvor ist dem eher biederen Durchschnittstyp die Traumfrau begegnet. Ganz zufällig lief ihm Melissa am Flughafen über den Weg. Sie ist wie ein Sechser im Lotto: Schönheitskönigin, außerdem intelligent und humorvoll. Melissa wäre das ideale Date für den Ausflug ins Hula-Paradies. Mit ihr an seiner Seite könnte Tim vor den Kollegen renommieren. Es gibt nur ein Problem: jene Melissa, mit der er per SMS geflirtet hat und die er jetzt einlädt, ist die falsche. Mit ihr hatte er nur ein einziges, katastrophal verlaufenes Blind-Date. Die Verwechslung bemerkt Tim aber erst, als »Missy« im Flugzeug nach Hawaii auftaucht. Ab jetzt geht es rund. Der Begrüßungsdrink im luxuriösen Hotel, der alkoholgeladene Tropical Itch, bringt die vorlaute Missy in Stimmung für ein Wochenende, bei dem keine Peinlichkeit ausgelassen wird.

Tropical
Itch

TURQUOISE BLUE

Cocktail • 1988
Brian Flanagan / Tom Cruise

25 ml weißer Rum
12 ml Triple Sec
12 ml Blue Curaçao
25 ml Limettenkonzentrat
38 ml Ananassaft

Alle Zutaten im Shaker auf Eis schütteln. In ein gekühltes Martiniglas abseihen. Mit einem kurzen Trinkhalm servieren.

Den entscheidenden Schub verdankt der Turquoise Blue vermutlich seinem Auftritt im Erfolgsfilm *Cocktail* von 1988. Davor war er als Turquoise Daiquiri bekannt, eine ins Blaue spielende und liebliche Variante des kubanischen Klassikers. Der Daiquiri ist sehr wandlungsfähig. Seine Hauptzutaten wie Limettensaft, weißer Rum und Zucker laden geradezu zur Kombination mit einer Vielfalt von Aromen ein, die von Ananas bis Ylang-Ylang reichen. Der Fantasie sind nahezu keine Grenzen gesetzt

Das Barkeeperduo Doug und Brian hat beim Besitzer des »Cell Block«, der angesagtesten Bar der Stadt, tiefen Eindruck hinterlassen. Er findet, dass sie ihr Flair und Charisma in dem »Loch« vergeuden, in dem sie bisher arbeiten, und wirbt sie ab. An ihrer neuen Wirkungsstätte beglücken beide Yuppies, Fashionistas und Trendsetter mit ihren artistischen Einlagen. Nachdem Brian auf dem Tresen stehend ein improvisiertes Gedicht zum Besten gegeben hat, bestellt Coral, die als Fotografin für den *Rolling Stone* arbeitet, einen »Orgasmus«. Er schlägt ihr anstelle des anrüchigen Partydrinks einen Turquoise Blue vor. Diesen leuchtend blauen Drink mixt er zusammen mit Doug nach allen Regeln der Showkunst nur für Coral. Vielleicht kommt er später auf ihre ursprüngliche Bestellung zurück, nachdem sie ihn in ihr Apartment eingeladen hat.

Turquoise
Blue

VIRGIN PIÑA COLADA

Death Proof – Todsicher • 2007
Stuntman Mike / Kurt Russell

150 ml Ananassaft
50 ml Cream of Coconut
25 ml fettreduzierte Sahne

Alle Zutaten mit einer Tasse (etwa 120 g) zerstoßenem Eis vermischen. In einem gekühlten Hurricaneglas servieren. Mit einer Ananasspalte und einer Cocktailkirsche am Spieß sowie Trinkhalm servieren. Beim Original wird Cream of Coconut durch 50 ml weißen Rum ersetzt.

Das puerto-ricanische Nationalgetränk ist ein cremiger Genuss mit vielen Eltern. Das Restaurant »Barrachina« in San Juan beansprucht die Urheberschaft auf einer Gedenkplakette, die das Jahr 1963 nennt. Zwei Barkeeper im »Hilton« auf der Insel behaupten, sie hätten den Drink elf Jahre früher erfunden. Wie dem auch sei, er erscheint erst Ende der 1960er-Jahre in Büchern, obwohl ein Reisemagazin 1922 von einem gleichnamigen kubanischen Cocktail berichtete: »Saft von einer vollreifen Ananas, schnell geschüttelt mit Eis, Zucker, Limette und Bacardi-Rum«. In Anbetracht der jeweils wechselnden örtlichen Zutaten könnten alle Geschichten einen wahren Kern besitzen.

Während er in einer Bar Nachos knabbert, kommt Stuntman Mike mit Pam ins Gespräch, einer ebenso hübschen wie selbstbewussten Blondine. Sie bestellt ihm einen Virgin Piña Colada. Mike erzählt von seiner Beteiligung an Fernsehserien und Spielfilmen, von denen Pam und die anderen Bargäste noch nie gehört haben. Draußen löst die aufreizende Arlene widerwillig eine Wette ein und spendiert Mike einen Lapdance. Nach eigenem Bekunden besucht Mike eine Bar nicht wegen des Alkohols. Der dient lediglich als zwischenmenschliches Schmiermittel. Ihn reizen dort nur zwei Dinge: Frauen und Nachos.

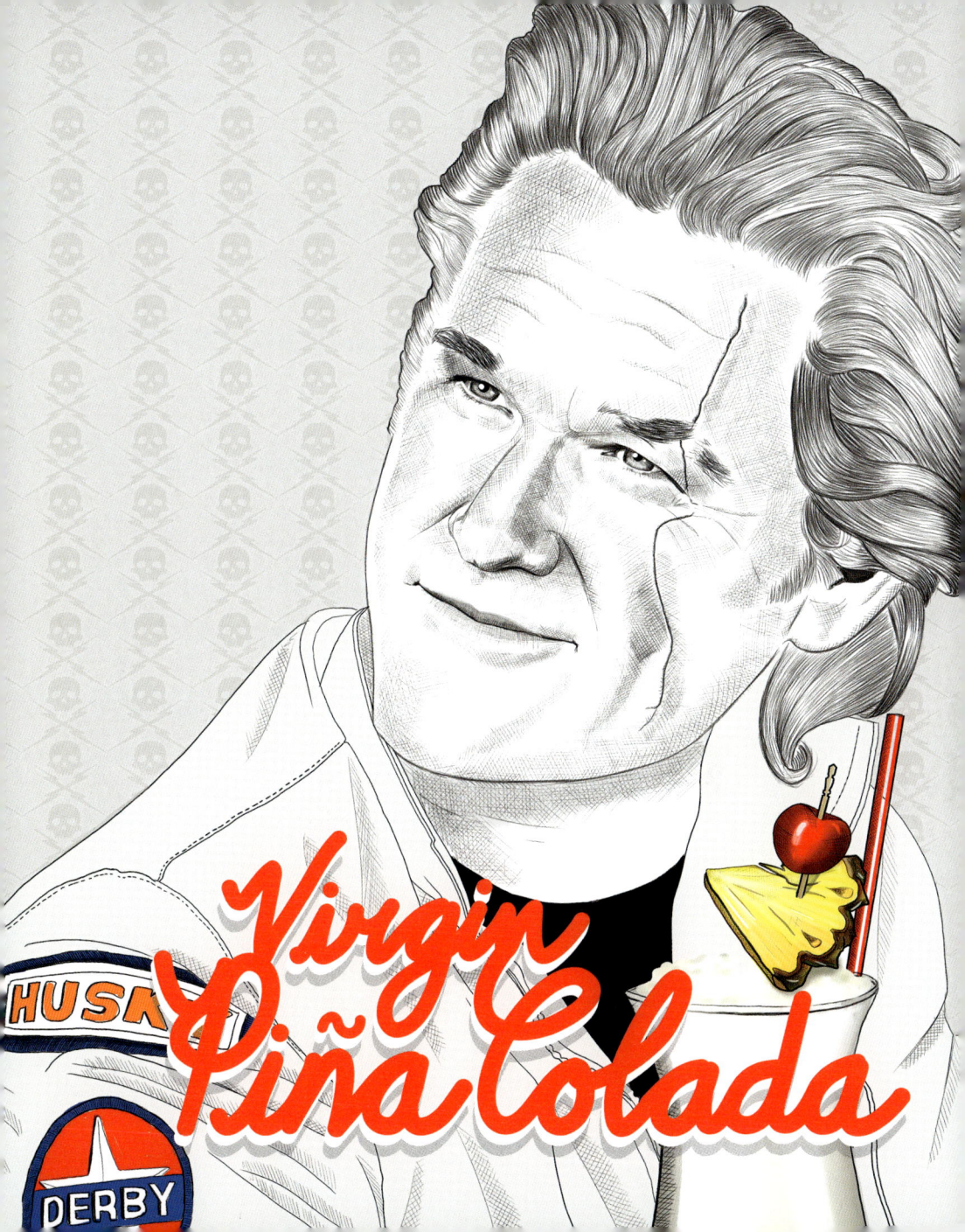

Virgin Piña Colada

VODKA GIMLET

About Schmidt • 2002
Warren Schmidt / Jack Nicholson

50 ml Wodka
12 ml Lime Juice Cordial

Die Zutaten auf Eis schütteln. In ein gekühltes Martiniglas abseihen.
Mit einer auf den Glasrand gesteckten Limettenscheibe servieren.

Angeblich wurde dieser Drink Ende des 19. Jahrhunderts in der britischen Marine vom Konteradmiral und Flottenarzt Sir Thomas Desmond Gimlette erfunden. Er verabreichte seinen Matrosen Gin mit Limettensirup, um die Zitrusfrucht als Skorbutvorbeugung zu propagieren. »Rose's Lime Juice Cordial« wurde 1867 als Stärkungsmittel patentiert und stellt seit jeher die unverzichtbare zweite Zutat in der Geschichte des Gimlet dar. Die Ersetzung von Gin durch Wodka ist jüngeren Datums; sie betont das Limettenaroma, weil die vielschichtigen Kräuteraromen des Gins entfallen.

Warren Schmidt aus Omaha blickt auf eine jahrzehntelange Karriere in der Versicherungsbranche zurück. Bei der Abschiedsfeier anlässlich seiner Pensionierung überschütten ihn die Kollegen mit Liebe und Respekt, aber ihm kommt es vor, als beraube man ihn seines Lebensinhalts. Er fühlt sich wie ein Sandwich ohne Belag. Was bleibt ihm? Ein langjähriger Freund preist in einer rührenden Rede die Reichtümer der Seele, von denen ein Mann wie Schmidt nach einem verdienstvollen und erfüllten Leben zehren könne. Warren zieht sich an die Bar zurück, sucht Trost in einem Vodka Gimlet und sinniert über das Leben und seine Zukunft.

Vodka Gimlet

VODKA 'VESPER' MARTINI

Casino Royale • 2006
James Bond / Daniel Craig

50 ml Gin
12 ml Wodka
6 ml Lillet Blanc

Alle Zutaten im Shaker auf Eis schütteln. In ein gekühltes Martiniglas abseihen. Eine lange schmale Zitronenzeste in den Drink legen.

Einer der wenigen bekannten Drinks, die von einer fiktiven Person erfunden wurden: Im Roman *Casino Royale* sitzt James Bond am Spieltisch und bestellt einen Dry Martini, dessen Rezept er genau angibt, inklusive Hinweisen zur Zubereitung im Shaker. Diese Szene wurde im gleichnamigen Spielfilm von 2006 werkgetreu aufgegriffen, sogar mit dem Verweis auf Kina Lillet, ein Wein-Aperitif, der längst nicht mehr auf dem Markt ist. Die Firma Lillet produziert stattdessen einen ähnlichen, aber milderen Aperitif auf Weißweinbasis.

James Bond nimmt an der wichtigsten Pokerrunde seines Lebens teil. Auf dem Tisch liegen Hunderte von Millionen, und er muss gewinnen, um Le Chiffre, einen Privatbankier und Terrorfinanzier, in den Ruin zu treiben. Das Spiel zieht sich tagelang hin, wobei die Spannung mit der Höhe der Einsätze wächst. Bond zitiert den Barkeeper zu sich und bestellt einen Dry Martini, aber modifiziert nach seinem Geschmack. Damit weckt er das Interesse seiner Mitspieler am Kartentisch, die ebenfalls auf den Geschmack kommen. Während Bond am Glas nippt, fällt sein Blick auf die ernst blickende Vesper, seine Agentenkollegin und Geliebte. Er denkt darüber nach, ob er seine Drink-Kreation ihr widmen soll.

Vodka 'Vesper'
Martini

WHISKEY SOUR

Avanti, Avanti! • 1972
Wendell Armbruster Jr. / Jack Lemmon

50 ml Bourbon
25 ml Zitronensaft
12 ml Zuckersirup
2 Dashes Angostura
½ Eiweiß

Alle Zutaten im Shaker auf Eis schütteln und in eine gekühlte Champagnerflöte abseihen. Einen Orangenschnitz in den Drink legen.

Die ersten Erwähnungen dieses Drinks reichen bis 1870 zurück. Seither ist daraus eine ganze Cocktailfamilie entstanden. Manche Rezepte, wie die 8:2:1-Formel von David A. Embury in *The Fine Art of Mixing Drinks* in der Ausgabe von 1954, erhöhen den Whiskyanteil, während heutige Barkeeper eher zu unserem Verhältnis mit mehr Zitronensaft und Zucker tendieren. Dieser Drink ist sowohl »straight up« als auch auf Eiswürfeln ein Genuss. Statt Bourbon bieten sich auch irischer oder Rye Whiskey an, aber niemals Scotch. Dessen torfiger Geschmack harmoniert nicht mit dem Zitrusaroma.

Wendell Armbruster Jr. gibt sein Bestes, um die italienische Bürokratie zu überlisten. Schließlich will er nur den Leichnam seines verstorbenen Vaters in die Heimat überführen. Der Senior starb, als sein Auto von einer gewundenen Landstraße im neapolitanischen Hinterland in die Tiefe stürzte. Der spießige Wendell ahnt nicht, dass auch die langjährige Geliebte des Vaters dabei ums Leben kam. Erst als er der Britin Pamela begegnet, die die sterblichen Überreste ihrer Mutter abholen will, klärt sich alles auf. Nach anfänglichen Missverständnissen werden auch die Kinder zum Paar und wandeln auf den Spuren der Eltern. Im Hotel »Excelsior« serviert ihnen der Barkeeper das Lieblingsgetränk der verblichenen Liebenden: Whiskey Sour, säuerlich, und einen Bacardi, lieblich.

Whiskey
Sour

WHITE LADY

Das Böse unter der Sonne • 1982
Hercule Poirot / Peter Ustinov

33 ml Gin
25 ml Triple Sec
19 ml Zitronensaft

Alle Zutaten im Shaker auf Eis schütteln. In ein gekühltes Martiniglas abseihen.

Zwei Titanen der Bartradition ringen um die Urheberschaft dieses Cocktails. Zum einen erklärte Harry MacElhone, er habe ihn 1919 im Londoner Club »Ciro's« erfunden. Seinen Angaben nach arbeitete er bis 1929 an der Verfeinerung des Rezepts. Sechs Jahre zuvor hatte er die »New York Bar« in Paris übernommen. Zum anderen beschrieb Harry Craddock im *Savoy Cocktail Book* von 1930 den Drink als seine Kreation. Harrys früherer Lehrling Joe Gilmore bestätigte das und erinnerte sich daran, dass die White Lady der Lieblingscocktail der beiden Stummfilmstars Stan Laurel und Oliver Hardy gewesen sei.

Poirots jüngster Auftrag führt ihn in ein idyllisches Inselresort, den ehemaligen Sommersitz des Königs von Tyrrhenien, wo er die Spur eines verschwundenen Diamanten verfolgt. Der belgische Meisterdetektiv erhofft sich von der Reise nicht nur die Aufklärung des Falls, sondern auch ein wenig Freizeit und Erholung für sich selbst. Bei der Begrüßungsparty lernt er die übrigen Gäste kennen, eine bunte Mischung aus Reichen und Kreativen. Während Hercule vor der Herausforderung steht, zwischen White Lady, Sidecar, Mainrace oder Between the Sheets wählen zu müssen, ahnt er noch nicht, dass sich ein Mörder unter der illustren Schar befindet. Wird er dem Täter auf die Schliche kommen?

White Lady

WHITE RUSSIAN

The Big Lebowski • 1998
Jeffrey Lebowski (»The Dude«) / Jeff Bridges

50 ml Wodka
25 ml Kahlúa (Kaffeelikör)
25 ml fettreduzierte Sahne

Die Zutaten bis auf die Sahne in einem mit Eis gefüllten Old-Fashioned-Glas verrühren. Die Sahne über die gewölbte Rückseite eines Barlöffels langsam auf den Drink fließen lassen.

Der White Russian entstand Mitte der 1960er-Jahre in Amerika, ist also einer der jüngsten Drinks in diesem Buch. Sein unbekannter Erfinder variierte den Black Russian aus den 1940er-Jahren durch das Hinzufügen von Sahne. Der Cocktail hielt sich zunächst tapfer und verschwand dann langsam von der Bildfläche. Erst 1998 erlebte er seine spektakuläre Wiederauferstehung. Im Lauf der Spielfilmhandlung von *The Big Lebowski* nimmt der »Dude« mit unnachahmlicher Nonchalance sieben White Russians zu sich. Mittlerweile gibt es Varianten wie den Dirty Russian (mit Schokomilch statt Sahne) oder den White Cuban (mit Rum statt Wodka).

Dieser Teppich war der Mittelpunkt der Wohnung, und jetzt hat ein Schlägertyp aufgrund einer Verwechslung einfach draufgepinkelt. Der »Dude« besucht seinen Namensvetter, Jeffrey Lebowski, um Ersatz von ihm zu verlangen. Obwohl der Millionär ihn abblitzen lässt, gelingt es dem »Dude«, einen reizenden Perserteppich aus dessen Haus zu ergattern. Zurück in seiner Bruchbude paradiert er stolz über die neue Errungenschaft und mixt sich zur Feier des Tages einen White Russian aus reichlich Wodka, Kahlúa, Sahne und Eis. Während er seinem Lieblingsdrink zuspricht (bei dem üppigen Bartwuchs kein leichtes Unterfangen), läutet das Telefon. Es ist Lebowski, der Millionär. Es geht ihm nicht um den Teppich, er braucht die Hilfe des »Dude«.

White Russian

ZOMBIE

Schatten einer Liebe • 1996
Rachel Lewis / Claire Danes

12 ml weißer Rum
38 ml goldener Rum aus Puerto Rico
25 ml schwarzer Rum aus Jamaica
25 ml Limettenkonzentrat
19 ml Ananassaft
12 ml Zuckersirup
12 ml Apricot Brandy
12 ml 151-Proof-Rum

Alle Zutaten bis auf den 151-Proof-Rum im Shaker auf Eis schütteln. In ein mit zerstoßenem Eis gefülltes Hurricaneglas abseihen. Zum Schluss den 151-Proof-Rum dazugeben, der flambiert für einen besonderen Effekt sorgt. Mit einer Ananasspalte servieren.

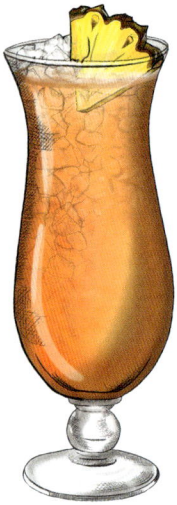

Für dieses potente Getränk benötigt man einen Vorrat von vier Rumsorten, obwohl man den 151-Proof-Rum auch weglassen kann. Dessen einziger Vorzug ist seine hohe Entzündlichkeit. Der Ruhm für diese Kreation gebührt Donn Beach, der in Amerika eine Kette von Restaurants im polynesischen Stil aufmachte und zu den Pionieren der Tiki-Welle nach 1950 gehört. Die geheime Zutatenliste für den Zombie wurde erst später bekannt. Weil Donn sie ständig variierte, konnte man darüber nur Vermutungen anstellen. Bis heute befolgen die von ihm begründeten Restaurants die Regel »nur zwei pro Gast«, weil der Drink außergewöhnlich stark ist.

Vor zwei Jahren kam Gillian beim Sturz vom Mast einer Segelyacht ums Leben. Witwer David hat ihren Tod noch immer nicht verwunden und führt in seiner Einbildung Dialoge mit der Verstorbenen. Rachel, die Tochter des Paars, wird langsam flügge und gerät in einen hedonistischen Freundeskreis. Auf einer Party, die sie besucht, werden vor allem Zombies aus Halblitergläsern konsumiert, mit reichlich Rum. Kein Wunder, dass Rachel am Ende der Nacht ihrem Vater vor die Füße kotzt!

Zombie

Agave syrup
VERMOUTH
DRY
Aperitivo
RUM
40% SMALL BATCH 70cl
TEQUILA
100% DE AGAVE
40% ALC./VOL. 70 cl e
WHISKY
HIGHLAND CREAM
GIN
DRY DISTILLED
LIQUEUR
VODKA
40%vol. 700ml

WHISKY
HIGHLAND CREAM
W
HANDCRAFTED
BITTERS
ORGANIC MACERATION
V
VODKA
40%vol. 700 ml
DRY
BRANDY
AGED IN OAK B

DANK

Zunächst einmal gilt unser Dank allen, die uns bei der Arbeit an diesem Buch unterstützt haben.

Vielen Dank an Ali Gitlow, Andrew Hansen und das gesamte Team von Prestel, die eine Idee in dieses wunderschöne Buch verwandelt haben. Es ist ein fantastisches Gefühl, dass Menschen auf der ganzen Welt es kaufen, ausleihen, verschenken und bekommen können.

Wie immer vielen Dank an unsere Eltern, die so stolz auf uns waren und uns überhaupt erst zu Träumern gemacht haben.

Bei der Recherche zu diesem Buch haben wir aus einer Million Quellen von unterschiedlicher Zuverlässigkeit und Güte geschöpft. Dazu zählen Autoritäten aus der Welt der Mixgetränke: David A. Emburys *The Fine Art of Mixing Drinks* (1948), Simon Diffords regelmäßig aktualisierte *Diffordsguides*, Patrick Gavin Duffys *The Official Mixer's Manual* (1934), Harry MacElhones *ABC of Mixing Cocktails* (1921), Harry Johnsons *Bartender's Manual* (1882) und das erste Buch dieser Art, Jerry Thomas' *Bartender's Guide* (1862). Wir können sie alle wärmstens empfehlen.

DIE AUTOREN

Will Francis referiert, schreibt und lehrt über die sich im ständigen Wandel befindlichen Themen Medien und Technologie. Er arbeitete als britischer Redakteur für das bahnbrechende soziale Netzwerk MySpace, inzwischen berät er Marken beim Einsatz von digitalen und sozialen Medien. Will tritt regelmäßig bei einschlägigen Events und in den Medien auf, wo er sein Fachwissen und seine Einschätzungen zur Entwicklung der digitalen Landschaft weitergibt.

Stacey Marsh stammt aus Waterford im Südosten Irlands und arbeitet als Visual Designerin und Illustratorin. Das reicht von digitalen Werbekampagnen für bekannte Marken bis hin zu maßgeschneiderten privaten Illustrationsaufträgen. In jüngerer Zeit konzentriert sie sich auf Datenvisualisierung und Interface-Design für den Technologiesektor. Wenn es die Zeit erlaubt, beschäftigt sie sich gerne mit Muster- und Oberflächendesign.

Nach einem längeren gemeinsamen Aufenthalt in London, wo die ursprüngliche Ausgabe dieses Buchs entstand, pendelt das Ehepaar nun zwischen der britischen Hauptstadt, Staceys Heimat Irland und Wills Heimatort im Peak District im Herzen von England hin und her. Weitere Bildbände sind in Vorbereitung, mehr dazu auf ***willfrancis.com.***

© Prestel Verlag, München · London · New York, 2015,
in der Penguin Random House Verlagsgruppe GmbH
Neumarkter Straße 28 · 81673 München
4. Auflage, 2024

Text © Will Francis, 2024
Illustrationen © Stacey Marsh, 2024

Die Originalausgabe erschien 2015 unter dem Titel:
Cocktails of the Movies: An Illustrated Guide to Cinematic Mixology

Der Verlag weist ausdrücklich darauf hin, dass im Text enthaltene externe Links vom Verlag nur bis zum Zeitpunkt der Buchveröffentlichung eingesehen werden konnten. Auf spätere Veränderungen hat der Verlag keinerlei Einfluss. Eine Haftung des Verlags ist daher ausgeschlossen.

Projektleitung: Stella Christiansen
Design und Layout: Stacey Marsh
Herstellung: Luisa Klose
Übersetzung: Dietmar Schmitz
Lektorat und Satz: VerlagsService Dietmar Schmitz GmbH
Lithografie: Reproline Mediateam, München
Papier: Profibulk
Printing and binding: DZS, d.o.o., Ljubljana

FSC
www.fsc.org
MIX
Papier | Fördert gute Waldnutzung
FSC® C106600

Penguin Random House Verlagsgruppe FSC® N001967
Printed in Slovenia

978-3-7913-8743-7

www.prestel.de